U0107079

生活，写下来吧！

写下来吧！

如何写好你的人生故事

［英］凯西·伦岑布林克 著

四木 译

上海社会科学院出版社
SHANGHAI ACADEMY OF SOCIAL SCIENCES PRESS

你困在了写作的
哪个路口？

献给我所有的学生，
过去的、现在的以及将来的。
你们要全力以赴。

与其说我忘了，不如说我无法让自己记住。

——玛雅·安格鲁

请耐心且坚毅，有朝一日这种苦痛将有助于你。

——奥维德

所有的苦痛化为倾泻的快乐

房子建在一座土丘上，在这片广阔的半戈壁荒原上，有些居高临下之感。左边是选炼矿石的选厂，右边是一字排开的三口矿井，北边有一条砂石路，缥缥缈缈，通往克拉玛依，骑马或摩托车的牧人飞驰而过，腾起一股黄尘。

宿舍住着两个人，我和另一位工人，他是一位渣工，我是爆破工。他把我爆破下来的矿石运出矿洞，我再接着下一轮爆破，我们的生活每天这样循环往复。在他去上班空出一半空间的床上，我把两只枕头叠在一起，放在腿上，铺开纸开始隐秘又兴奋的写作，在他下班回来之前，再让屋子里的一切恢复原样，仿佛什么也没有发生过。

写作的念头一旦动起，就像开闸的水流，再也控制不住。窗外是呼啸的风，轰轰烈烈的机械轰鸣，人们无聊的活动，我什么也顾不上了。所有的往事，那些大大小小的细节，那些活着的人，死去的人，隔着千年时空的欢歌与泪水，划过天边的云影，调门各异的虫鸣，都奔着笔尖纷涌而来。常常是写着写着，会发出一阵叹息，或者一阵会心的微笑。我比所有被记录的人和事物都快乐和痛苦，在它们之间游荡，进出，或成为它们之一。笔尖仿佛一位带路者，带我去到那些走过的、走着的和永远不能抵达的远方。

这是 2004 年从春天到冬天，在克拉玛依以西二百公里的萨尔托海，我的工作和写作的某个瞬间，是我十六年矿工生涯和半生写作的无数场景中的一小章节。

每当我完成一首诗或一篇文章，忽然有种释然的轻松和愉快，仿佛放下了一块沉重的东西，完成了一件深重的托付。

所有的写作无非是有话要说，而完成一次写作，就是把要说的话说出来，这个过程，就是把所有的生活、命运、肉体和心灵承受的苦痛倾泻出来的快乐过程。其实，写作也是一场自我审视，自我发现，自我成长与丰富的过程，它将教会你许多关于个体与世界的课程。

我们处在一个信息时代，同时也处在一个孤岛时代，彼此渴望看见。那些斑驳的色彩与光阴，那些现实与内心，需要互相映照。也许，我们终其一生都难以成为一位作家、诗人，但声音比沉默本身已包含了不一样的意义。

我一直有一个梦想，把大半生的写作历程写下来，那些心得，那些欢乐，那些纠结与困顿，那些成功与失败，它们也是一个人生命的重要声息。同时，它对于自己，对于别人，也是一份参照，哪怕仅仅对我孩子的学习成长产生一些意义。但因为这样那样的原因，理想的实现似乎遥不可及，最主要的原因大概还是一个不成熟作者的经验单薄，不足以成为有效经验。幸运的是，某一天突然看到了《生活，写下来吧！》，它的作者是凯西·伦岑布林克，这是一个杰出的人，这本书是我想写却无力达到的经验之书。

把生活，愉快地写下来吧，那是更有意思的生活，从一本温柔的书开始！

陈年喜

2022 年 12 月于陕西丹凤

驯化写作这头兽

读这本小书，时常有"于我心有戚戚焉"之感。同样作为创作者，虽然各自的写作路径不尽相同，但一些经验和感受却是相通的。先来说作者凯西·伦岑布林克，她是英国小说家，曾经出版了《爱的最后一幕》《心痛手册》《亲爱的读者》《活着》等多部作品，有丰富的创作经验。虽然中国的大多数读者都未曾听过这位作家，但看完此书，你会感受到她是一个乐于分享的人。她不断地走出书房去讲授写作课，甚至在节假日或监狱里也能看到她讲课的身影。她对讲课的对象不设限制，任何人都可以来听，无论这些人的人生阅历、教育经历如何，都不应该构成写作的障碍。她坚信通过写作，能够改善每一个人的生活。这份热忱，深深地打动了我。

作者的态度极为谦虚平和，毫无保留地分享自己的心得。当然她也说明了这只是她个人的经验和习惯，不是指导，不是规则，而是参考。的确，她的很多创作习惯与我迥然不同，可是并不妨碍我读此书时常有"会心一笑"的时刻：是的，就是这样的；没错，我经常在这个时候崩溃了；对对对，我也是靠这个办法渡过了写作上的一些难关；噢，这个方法不错，我下次也试试看……这种无声的对话，时而会发生在我的阅读过程中。

作家唐诺曾写过一篇《小说家》，在文中他说道："年轻小说书写者难能一步登天的，是足够的经验材料，这需要多一点时间，以及在时间里某种不懈的、追究的、心里始终有事的态度，由此一点一点获取对世界、对生命本身的丰硕解读能力。这当然是小说书写里比较苦、比较无聊而且最缓慢不耐的部分，日复一日，光彩尽去；也往往是小说书写里最悲伤最容易瓦解年轻书写者心志和信念的、让他们不断自我怀疑的所在。"

他说的是年轻小说书写者，当然也可以更宽泛一些，那些想要拿起笔写作的初学者，都有一个"不断发生自我怀疑"的阶段。很多人往往就在这一关卡住了，没有再往前进一步。全书一直在做的一件工作，在我看来是"写作没有你想象的那么难"，如果你觉得难，那请靠近一点，不要怕，把"难"掰开了揉碎了，让你看其中的症结，进而敢于去书写。写的质量如何，读者会怎么看，会不会得罪相关的人……在写的那一刻，要学会去屏蔽和忘记。心无旁骛，才能全身心地投入，体会到创作自身带来的愉悦感，"最重要的是开始，是养成把只言片语记到纸上的习惯。……写作的私密性允许我们把所有忧虑都写到纸上，我们要做的只是在纸上写下一些字词。"

作者在书中提到自己无法修改完《爱的最后一幕》，觉得自己不够好，而她的经纪人和蔼地安慰她："自我怀疑与创造力是交织在一起的。我虽不了解其中的缘由，但是所有我认识的拥有创造力的人，都花费了大量时间去认为自己一无是处。"要知道，哪怕是成熟的作家，也一样生活在绝望和怀疑之中，"在出版之前，我们担心自己没有天赋，担心自己把时间浪费在无人问津的东西上面。出版之后，我们担心自己只能写出一本书，而这本书已经把自己的心思挖空了。"

这一点我深有体会。从我自己来讲，曾经有一段时间是幸福的，整个人像是章鱼一般伸出无数触手，随时都能从身处其中的时空中攫取到写作的灵感。走在我前面的小孩子，刚理完发，低头踢着路边的石子；风从杨树林那边穿过来，抚在脸上，带着运河的水腥味；修车铺的师傅早早地坐在马路边，在他身边的是黑色胶桶，里面盛满了水……大脑像是充满了电，被这些日常的生活细节促动，文字一个个在心中啪嗒啪嗒地出来，怎么表达都舒服。那段时间，就是写作的高峰期，每天都沉浸在创作的兴奋之中，仿佛是神在助你，借着你的手在书写，根本不用担心会有枯竭的时候。

往往就是这样，有高潮也就有低谷。一段创作的高峰期后就是长长的一段一个字都写不出来的低谷期，脑海里盘旋着"我要写我要写"的欲念，就好像一个石磨在转着，然而磨子下面没有可供碾磨的食粮，只有空空刺耳的石面碰撞声。沮丧到极点，简直是连废话都写不出来。脑中堵塞钝化，我要说，我要写，我要表达，然而那位神粗暴地把我手中的笔给夺走了，我连说话的能力都没有。最要命的还是"自我攻击"，我经常一下午都在跟自己做斗争，写了一两千字，一个声音一直不停，"写得这么烂，为什么还要写？"坚持写了一个小时后，那声音又说，"又是熟悉的套路，你为何要自我重复？"又停了半响，那声音和缓了，"好了，虽然不好，可是你就写呗，我骂我的，你写你的。"又一次鼓起勇气开写，"脸皮一定要厚起来！"

　　写作状态起起伏伏，这个往往是不可控的，唯一能做的就是时刻处在准备状态。就像是职业运动员，即便不在比赛阶段，也要日常锻炼，这样一旦比赛开始，就能迅速进入状态。创作就是自我的"比赛"，与自己较劲儿。有时候一整天坐那儿想，小说该怎么开始，怎么铺展，总也想不出个所以然来。真正开写，脑中只有零星片段，但说来也奇怪，一旦文字开始流动，人物依次出现，思路就逐渐打开了，整体的语速、语调都确定，小说的脉络和人物关系也知道走向，可以用"初极狭，才通人，复行数十步，豁然开朗"来形容。等到开始有了头绪，慢慢找到感觉，渐渐的人物你来我往，事情依次发生，矛盾此起彼伏，忽一人停顿下来，独自走到某处，想起诸多事情，往事涌上心头，此时他得以反观自身，不禁百感交集。每每写到此处，都觉得十分动人，我称它为"小说的凝神时刻"。我相信作者创作到此处也心情愉悦，前头情绪铺垫到位，此刻可以尽情挥洒。

写，唯有不断地写，才能进步。我非常认同作者所说的，"只有通过写作，我才会真正了解自己对事物的看法。这是一个有机的过程。"

这个世界上伟大的作家的确非常多，杰出的作品也汗牛充栋，但是我们依旧要去写，因为"我不需要活在他们的影子里，我只需要诉说自己的声音。""自己的声音"，是创作的缘起。爱丽丝·门罗曾感叹道："我曾经有过全然不知疲倦地写作的日子，永远有激情和信念。但现在，我有了些小小的变化，有时候会想到，如果失去它，感觉会怎样，可我甚至无法描述它究竟是什么。"——如果不能继续写作了，那该多痛苦啊。我想对于挚爱写作的作家来说：写作之外，一无是处。所以，还等什么，写起来吧！

邓安庆

2022 年 11 月于苏州

目 录

1

第三部分：制作与编辑

第四部分：完成工作

开 始

亲爱的作家：

遇见你我很开心。

欢迎你，无论你是谁，无论你如何来到这里，我都非常高兴能与你相遇。我期待着将自己所知道的关于书写个人生活经历的方法分享给你。如果我们是面谈，我还想了解一些你的情况，看看是什么风把你吹到我这儿来了。现在我只能做一些推测。

你一直想写作吗？你的抽屉里是不是装满了笔记本，或者你尚未动笔，但一直有股隐秘的冲动。也许，你想留住某个特殊的时刻或事件；也许，你正困扰于棘手的问题而无法继续前进，又恰好听说写作能帮到自己；也许，你想写一本畅销的回忆录，然后拍成一部能获大奖的电影。你也可能是想捕捉自己的童年记忆，这样就可以分享给你的后辈们；或者是想记录我们正在经历的这些有趣时光。你可能已经习惯于创作诸如小说、戏剧、诗歌、散文、报告等体裁的作品，但还想尝试着写一本回忆录。或许你只是出于某种本能，是它促使你产生记录生活的想法。你可能对讲述自己的故事充满渴望，也可能正被自我怀疑所包围。

　　无论你的实情和出发点是什么，我想帮助你处理上面提到的问题以及一些其他情况。我不敢保证这个过程会很容易，因为写出自己是一件有难度的事情。但我可以保证这是值得的。请将它想象成精神上的攀登，假若没有训练和准备，我们不可能登上珠穆朗玛峰。我们得接受自己需要作出奉献和承诺的事实。这是一种思考写作的有益方式，我们要认识到写作不是上帝赐予的天赋，优美的言辞也不会按照正确的顺序从我们身上流淌出来，写作是必须通过训练习得的能力。

　　我希望能帮助你在日常写作中找到乐趣和慰藉。假若你想更进一步，我会鼓励你写回忆录。全力以赴地将故事写出来，是一件令人欣喜的事情。我从来没有爬过山，但我能想象自己站在山巅的感受；这有点儿像你在完成初稿后，把它打印成纸质版，看到自己的经历转化成故事的瞬间。当我们有充足的勇气和献身精神投入到这项艰苦的工作中时，我们会有一种惊人的成就感。

　　写作并不总是苦差事。草草记下所思所想，是令人愉悦且无须高超技艺的秘密行动，这种行为有可能迸发出真正的喜悦。用语言与自己进行私密交流的沟通方式，是我们航行世界的重要盟友。它方便、自由，又富有启发性，还可以让人暂时摆脱现代生活的嘈杂与喧嚣。因此，我邀请你体验简单而深刻的自我写作。

生活，写下来吧！

无论你的目标是什么，这本书都会帮助你写下关于自己，以及发生在你身上的事情。它会教给你一些东西，鼓励你开阔自己的视野。它也许能让你更好地面对自己的生活，并带着更多的期待进入下一阶段。

一开始我就称呼你为"作家"，你能接受吗？也许你认为这是一个需要克服各种障碍才能获取的头衔。我希望你忘记这些障碍，不要让你的写作依赖于外部条件。当你开始写作时，你就已经是一名作家，不需要等到创作出得到官方认可的作品。你若提笔，便是作家。

我从小就想写作，但当我向老师表达这种愿望时，我从未受到鼓励。"别傻了。"他们会说，"如果你努力学习，你可能会成为一名教师，或者能找到一份房屋互助协会[1]的工作。"随着年龄的增长，我失去了童年时期的热情。与此同时，越来越多的人告诉我，像我这样的人不可能成为作家，想要出版简直难于登天。

所以，尽管我会尝试，但我也常常放弃，事情变得举步维艰时，我就会沉浸在这种消极信念中。直到我出版了第一本书，我才允许自己使用作家这个头衔。尽管如此，这个词还是让我感到

---

1. 英国房屋互助协会，是一个将储蓄存款投资于以私人自住住宅为担保的长期贷款的非营利性互助机构。——译者注（本书注释均为译者注）

有点儿不适，好像是我编造出来的一样。它让我觉得这是一种不会持续的状态，如果我不能写出下一本书，我就得交出这个头衔。现在我觉得这么想很不值得，这是在浪费时间，浪费精力，也没有必要。我不必通过写更多书，让更多人欣赏我的作品，来让我觉得自己是个作家。我必须接受写作是我的使命。我确实需要认可，但我不需要等着别人来认可我。我想对你们说，你正在阅读这本书，这足以证明你肩负着使命。把自己当成一名作家，你唯一需要的条件就是渴望。

虽然我非常强调写作需要付出努力，但这也是世界上最容易参与的事情，因为没有任何准入门槛。你几乎不需要任何装备！如果你想爬山、想滑雪、想当制陶工人、想拍电影，或者想做挤奶工，你都得付出一些必要的投资。但写作可以在任何地方进行，你所需要的只是你自己，以及一种捕捉你言语的方式。你可以使用笔、纸、电脑、手机，甚至使用录音把你的话录下来。

在这个阶段，重要的是去关注你拥有的，而不是你没有的。人们常常担心自己的语法不够规范，电脑不够高级；或是担心自己书读得不多，课上得太少。但我可以向你保证，你在写作方面很有福气，因为你正在读这本书，这表明你具备良好的读写能力。我在监狱里开过工作坊，那里有很多人连字都不会写。我父亲在成年后学会了阅读，但写作对于他来说依旧非常吃力。他能准备购物清单，也能玩填字游戏，但他无法区分大小写字母，标点符号的使用也总让他云里雾里。因此，他始终没有信心去写下一些长句。我儿子马特发现自己在书写和拼写方面都有困难。他的字迹与其他同学相比既丑陋又凌乱，这让他觉得自己很蠢。也有人是身体上有障碍，比如我的朋友查理，她因中风而无法写出工整娟秀的字。如果我们回到过去，就在不久以前，大多数人连自己的名字都不会写，只能通过画十字来签名。即便是现在，世界上有些地方还是很难获得教育资源，只能让部分人受教育。如果你正在克服写作的障碍，那就太棒了；如果你能轻而易举地做到读写自如，那么花点时间来感激你所拥有的。想想看，你能读能写是多么神奇啊！你能够在纸上写下一些有意义的符号！

现在就开始行动，拿起笔，写下这些提示：

我的名字是……

我正在阅读这本书是因为……

我感觉……

我希望读完这本书之后，我会……

你已经开始书写自己了，现在我们只需要继续努力。

开 始

如何使用这本书

写作有三条原则……

可惜，无人知晓。

——威廉·萨默塞特·毛姆 (William Somerset Maugham)

我希望这本书能提供给你想要的，以及你暂时还不知道自己需要的内容。我希望你有一次愉快的体验，能找到完全属于自己的道路。那条路可能和我的高度一致，也有可能完全不同。若是让我来读这本书，我可能会在泡澡的时候先通读一遍，然后想想这本书可以如何使用，回过头再试着做一做书里的练习，并标记出有用的部分。你可能更喜欢边阅读边做练习，这些练习可能会使你感到些许不安。不过别担心，这是必经之路。我想让你学会与自己的不适共处。我的建议会让你行动起来，也会教你追随自己的直觉，倾听自己的声音。当然，另辟蹊径也是可以的。要相信所有漫无目的的遐想，都会把你引向意想不到的地方，即使你无法马上看清楚那是什么地方。

请记住，如果你在一年之后再次阅读这本书，你会发现新的价值，你会发现一些当时对你来说没有太大帮助但实质上意义非凡的内容。你将会掌握这本书的内容。你写得越多，你就越能形成自己的观点和看法，知道哪些意见是有效的。你写得越多，学到的就越多。

我希望这本书能为你提供一个有用的跳板，帮助你拓展自己的能力。这不是一本教科书或一门课程，甚至内容本身都不是特别确定，我也没想过要做得尽善尽美，巨细无遗。有句谚语说得好，授人以鱼，不如授人以渔。我希望自己能成为那个鼓励你钓鱼的人，但我不想让你用我的方式去捕捞、去烹饪你自己的鱼。我会反思并总结自己的实践和习惯，这样你就可以随心所欲地运用这些知识。

如果这些内容没能让你产生共鸣，那就把它放到一边，读点别的吧！或者直接开始写作。我写作时 95% 的部分都在与自我怀疑做斗争，所以这是我非常关注的地方，不过，有些作家认为写作障碍并不存在。金斯利·艾米斯[1]曾说，写作的艺术，就是把

---

1. 金斯利·艾米斯（Sir Kingsley William Amis, 1922—1995），英国小说家、诗人，著有长篇小说《幸运的吉姆》（*Lucky Jim*）。

你的裤子贴到椅子上的艺术。我同意他的观点，但我认为坐下来写作这种行为非常复杂。我已经学会驯服头脑中各种不想让自己坐到椅子上的声音，我渴望把自己的理论传递给大家，希望它对你们有帮助。如果你想写作，却无法开始；如果你有好的想法，却没有把它们写下来；如果你有渴望做的事情，却没有取得什么进展，那么你应该会对这本书感兴趣。

对我来说，写作的挑战在于需要腾出时间和空间安静地坐着，要容忍自己对空白页的恐惧，就只是专注于写作本身，而不是屈服于那些容易让人分心的事情。

简单吗？很简单。容易吗？不容易。我必须摆脱很多东西，才能找到让自己坐到椅子上的方法，这就是我们将一起经历的过程。

初次写作的焦虑

作者并非总是别人。如果你像我一样，不是在大量书籍的陪伴中长大，那么你把作者置于崇高的地位是很自然的事；但是，作者也可能是你。

——萨瑟南·桑赫拉（Sathnam Sanghera）

你感觉怎么样？我最喜欢做的事情之一，是讲授寄宿课程，课程期间作家们会来到乡下，参与为期五至六天的写作。他们刚抵达的时候会感到紧张、不安，有时候甚至会觉得恶心。

这种感觉就像是我们要鼓起勇气展现自己，要付出时间和金钱去追逐梦想一样。我们应该心怀一丝敬畏。关于公开演讲，我收到的最有帮助的建议是，如果你在和一百个陌生人交谈之前没有任何期待，那你可能有点儿精神变态。写作也是如此。写作是一件大事。在你设想把自己的故事倾注到纸上的时候，你可能会觉得肚子在翻腾，或者肩膀很紧绷。这是我的第五本书，我仍然有这些感觉，不同之处在于，我已经明白这是写作过程中的一部分，我也知道怎么更轻松地去克服它。如果可以的话，试着对自己的感受抱有同情心和好奇心。

你也可以将任何一种"紧张"重新定义为"兴奋"。有个学生告诉我，她十几岁的女儿发明了"紧兴"这个词，用来形容那种既期待又惧怕的奇怪状态。我说："确实如此，我们都有点紧张。不过还好，我们需要做的只是保持稳定，切莫冒险。"

几年前，我试着去做热瑜伽，这是一种让人筋疲力尽的运动，你要在一个温暖的房间里待上一个半小时。我从来没想过让热瑜伽成为一种常规的练习，但我总是记着他们在课程开始时给新手的建议："待在房间里就行。"

应对初次写作的焦虑我们要做的就是：待在房间里就行。

你应该为自己来到这里而感到自豪。翻开这本书，并按照你的直觉来表达自己，这是多么神奇的事情啊！这真的太棒了。在消费社会的生活模式下，你可能会瘫坐在电视机前，但你却来到了这里。珍惜自己想要有所成就的渴望。

初学者的心态

用你的聪明换取困惑。

——鲁米（Rumi）

试着以一种开放而灵活的心态来面对这一切，把以前那些被灌输的东西放在一边，不过你也要有一种信念，要坚信你正在学习如何划动自己的独木舟。

在参考其他作家的做法时，如果他们的方法不适合你，切记要果断放弃。我有时也会犯蠢，如果听到什么新奇的东西，就会偏离既定的轨道。几年前，我听一位作家说，他用 Excel 表格创作小说。当时我在工作上很不顺心，部分原因是我对 Excel 一窍不通。而且我还生活在恐惧之中，担心自己会按错按钮，将错误的东西发送到错误的地方。我失落地想着："哦，如果必须用 Excel 来写一本书的话，那我永远也做不到。"我也会悻悻地得出这样的结论：没有文学硕士学位，我就无法取得进步。我还会嫉妒别人的写作环境。当我从书里看到其他作家是如何完成他们的小说时，我会想："哦，如果我在花园里有一间小屋，或是能够独自待在树林里，或是能去一所优秀的美国学院[1]实习，那我就有能力去做更多更好的工作，但事实上……"最近这些天，我捕捉到了这些想法，我将它们视为让自己从工作中分心的杂音，并重新深情地投入到工作当中。

有一些关于写作的书我很喜欢，但我并不总是喜欢这些书里的全部内容。譬如：第三章写的是人生转折，而第九章毫无意义。那些太过于注重结构的书也让我头疼不已。他们的作者似乎很喜欢讨论经典的三幕式结构，主人公和反派，等等。但这些对我来说太单调了，我知道这东西永远不会带来什么好处，所以我学会了忽略它们。不过你可能会对这些东西感到兴奋。你的使命就是：通过所有趣味横生、相互矛盾、令人困惑的建议，精挑细选，一步一步找到自己的道路。

请大胆地怀疑并反对我的观点！这本书里可能有些部分会让你茅塞顿开，有些则起不了这种作用。对一个人行之有效的东西可能对另一个人毫无效果。我会告诉你我是怎么做的，但你不能因为自己不喜欢（像我一样）一大早就起来写作，或者你的确很

---

1. 美国学院（American College）是一所工商管理类的学习机构。

喜欢按照计划工作，就认为自己不是一名作家。我宁愿你厌恶地把这本书扔到房间的另一边，也不想书里的任何一部分引起你的反感。

所以，你有权忽略我所说的一切。在这种前提之下，我们继续前进。

初学者的心态

第一部分： 准
备

挖掘自己

让我们把自己想象成一处矿藏。我爸爸是一名矿工，我仍记得他上完夜班回到家时，睫毛上还沾着煤灰。我妈妈会给他做一份油炸食品，这是他的晚餐和早餐。吃饭的时候他会谈论诸如钻机故障、遭遇洪水和发生漏水等意外情况。这些情况通常都很危险。我爸爸走起路来有点儿跛，那是因为有一次他被卡在两辆火车之间，身体弯曲变形了。尽管如此，他还是喜欢这份工作，因为这是解决问题、建立情谊、在地下寻找水晶碎片的过程。他说，你不必急于求成。找到一份合适的工作总是值得的。

我们目前正处于准备阶段。我们正在评估这个项目，搜集我们的工具并准备动身。准备就绪，开始挖掘！我们正往深处挖掘自己的内心。我们必须承认，这项工作可能很困难，甚至存在危险。我们得自己降下升降机。我们会弄得浑身是泥，会遇到各种挑战。我们无法通过整洁的楼梯往下走。我们不能只是一边闲逛，一边拿起自己已完成的项目，比如一个美丽的金色雕像，然后马上把它放在壁炉台上。我们得去到地底寻找那些模糊不清、难以辨认的金子，然后把它带到地上。

随后我们可以评估自己的收获。我们把它清洗干净，并给它抛光，再把它冶炼成其他的东西。

最后，我们炼出了令自己满意，并且可以与其他人分享的物件。

我们的项目成果可能是个闪闪发光、可以获奖的东西。但是，除非我们满怀热情地投身于尘土飞扬、肮脏不堪、艰苦的自我挖掘工作中，否则我们无法达到我们的目标。

写作没有模板

我无法为你提供写作模板或公式。我们也许渴望得到一套写作指南，但实际上并不存在这种东西。如果真有人制定了指南，那么写作会变得非常乏味，因为我们都在创作雷同的东西。我不知道所有的答案，也不相信有人会知道。写作是一头神秘而极具魔力的猛兽。我会与你们分享我所知道的，同时我会保持开放的心态，满怀希冀，因为我的理解和感悟是一个不断提升的过程。我希望这更像是一次对话，而不是一种指导；我希望为你提供一些参考，而不是一连串的规则。

我曾以为，我所要做的只是强迫自己坐下来，写下自己所知道的一切。但事实证明，写作是一个更为有机的过程。写作也的确应该是一个有机的过程。那些最好的回忆录，都是作者在重新审视生活之后得出的新结论，他们自己也因此而重获新生。我们确实需要一点动力。如果有人只是坐下来，写下他们所知道的一切，那只不过是一些生活片段，或一幅静物写生。

想想那些围绕着单个主角展开叙述的小说，主人公由于受到来信或死讯等现实因素的刺激，促使他们回忆起一次重要的生活经历。那些角色形象总是会因为重新审视而发生改变，不然的话，故事就显得有点儿单调。在写回忆录时，要牢记这一点。我们是对发生了什么以及怎么发生的很感兴趣，但同时我们也想知道为何当下它们仍然在产生影响。

没有模板的困难在于我们会没有方向，会迷失在对空白页的恐惧之中。好处则是没有正确或错误的方法，一切都可以抓取。探索不同的方法，正是我们所要做的。这是一个积极的过程，你是其中的关键参与者。

第一部分：准备

内容和过程

我们来到这里，我们正着手开始写作。那么，我们该从何处开始呢？我们需要知道些什么呢？

"内容和过程"是心理咨询师所使用的术语。内容就是发生在我们身上的事情，过程则是试着去适应这些发生的事情。"内容和过程"能帮助我们思考写作：内容，是我们生活中的事件，是我们写作的原材料；过程，则是我们用写作去表达，去重述自己经历的过程。它可以帮助我们了解自己与其他人的共同之处，以及彼此之间的区别。我们的内容是专属于自己的故事。我们的过程可以向他人学习，并与他人分享。我的第一本书《爱的最后一幕》主要是关于内容，是关于我哥哥去世的故事。我的第二本书《心痛手册》主要是关于过程，因为我觉得自己学到了很多关于悲伤和难过的知识，这些知识可能对别人有帮助，无论他们因为什么原因而悲伤。

内容和过程，也是一种有益的描述，它确保我们在描述自己的经验时，能够照顾好自己。我们必须始终严肃地尊重自己的内容，但在过程之中，我们可以充满活力和追求。

撬蚝刀

我们很难观照自己，很难对自己进行挖掘并展开探索。你见过别人使用撬蚝刀吗？撬蚝刀锋利且尖锐，需要灵活而有力地使用它，才能撬动层叠的外壳，打开牡蛎。如果手滑了，你可能会割伤自己。写作会让人觉得，我们是拿着撬蚝刀在切割自己最脆弱的肌体。我们搅动、疏浚那些过去沉积下来的淤泥。我们身体的某些部分希望我们停止这种做法，另一部分则坚定无比，并且深知无论我们从内心深处挖掘出什么，对自己而言都十分有益。

那么我们该如何应对呢？到处挖掘会让人觉得痛苦不堪和受到侵犯。我们如何减轻这种感觉？答案就是：当我们明确自己的承诺和意图时，我们自我同情和自我照顾的能力也会随之提升。

我们需要把自己照顾好，这是让自己保持心情愉悦的法宝。我喜欢花时间和益友一起散步、跑步、洗澡，一起重读自己最喜欢的小说，一起置身于大自然的怀抱里，一起下厨房，一起睡懒觉。这不就是一份健康清单吗？虽然情况并非总是如此，但这些天我尽量做一些短时间内能让我感觉好起来的事情，确保不让未来的我变得更糟。

当然，你可以忽略这个建议。我有时也这样做。我停止外出，也不照顾自己。我啃咬指甲周围的皮肤，直至鲜血淋漓，打字时疼痛不堪。但当我真正的问题出在写作上时，我不再借酒浇愁，我还训练自己不要和别人发生纠纷。我们应该为自己的艺术受苦，这是一个有毒的神话。大多数时候，在我挥动撬蚝刀的时候，我都试着轻柔地对待自己。

写作是一种疗愈吗？

我经常被问到这个问题，这是一个有趣的问题。其他作家也许会觉得这个问题很烦人，这可能更说明了他们对治疗的态度。这个问题没有直截了当的答案。这完全取决于你所说的写作是什么，以及你所指的治疗是什么。在字典中，写作是指写作的活动或技巧，以及为公众撰写文书的活动或工作。治疗是一种旨在缓解或治愈疾病的办法，而疗愈是指对身体或心灵产生良好影响，有助于人们内心获得幸福感。

挖掘之所以具有疗愈作用，是因为它具有宣泄功能，即"通过公开表达强烈的情感以此起到疏解心理的效果"。暴露自己体内的病灶并记录下来，对我们来说非常有益。编辑自己的文字同样能起到疗愈作用，因为仔细观察自己的文字就相当于在冥想，你会在不经意间达到治疗师鼓励你观察自己想法的那种意识水平。

分享自己的工作绝对起不到疗愈作用。分享可以振奋人心，但也会破坏稳定，使人筋疲力尽。请暗暗记在心里，我们真正想被告知的是，我们是天才。其他任何反馈都可能会让我们厌恶。

我现在饱受头痛的折磨，我想到了弗吉尼亚·伍尔夫，有段时间她停笔了好几个月。我还不能完全确定，但我确实认为写作是一种疗愈而不是病因。对我而言，写作大体上是有好处的，但担心写作的质量以及他人的看法则是不好的。

这是一项非常艰苦的工作。我觉得那些想法、第一行、第一章，还有草草记下的一些对话，都非常有趣，但是把最初的想法变成适合阅读的成品的这个过程，却非常累人。不过这之后的感觉很不错，就像跑完了一场马拉松或登上了一座高山，没有比这更令人兴奋的了。

有时人们认为，这是一种二选一的情况。他们会问："如果我接受了心理咨询，会降低我写书的可能性吗？"我确实怀疑可能会发生这样的情况，但无论如何，我认为你应该把自己放在第一位，其次才是写作。为了能有东西写下来，而刻意让自己处于一种痛苦的状态，这么做会让人觉得很奇怪，而且也是不妥当的。不管怎样，写作和疗愈往往需要一段很长的时间。你可以和我一起做。

期望管理

无论你的背景如何，一般人成为作家的概率都不大，但你不想阻止人们去冒险。假如我试着成为一名作家，就算最后失败了，天也不会塌下来。爱你的人会阻止你追逐梦想，不是他们不相信你，而是他们不相信世界会善待你。他们只是希望你能平平安安。我对自己的学生们说："尽你最大的努力去做事，但也要照顾好自己，要做两手准备。"

——塔亚里·琼斯（Tayari Jones）

我不想在谈论期望管理的时候耗尽我们所有的精力，因为这可能会让人非常沮丧，但是我们可以一次就了结，尽快把事情处理得妥妥帖帖。是的，想要出版是非常难的，没人欠你一份出版合同。出版行业的基本问题是供求关系：图书的数量超过了读者的人数。

我喜欢鼓励别人，但也觉得有责任实事求是。实际上，很少有人能靠写作养家糊口，由于我们的文化倾向于关注那些高收入群体，所以人们不知道大部分作家的收入是多少。根据我个人的经验，当人们知道我是一名作家的时候，他们总以为我很富裕，但实际情况并非如此。写作一定需要投入时间和金钱，但是要注意自己对于经济回报的期待。这就像赌马一样。我父母在约克郡开了一家酒吧，几年前我曾在那里工作，当时我们经常去庞特弗拉克赛马会（Pontefract Races）。通过观察自己和其他人，我总结出了一个理论，即最明智的赌博方式是享受赌博的过程，并期待输个精光。参与赌博的价值在于向庄家投注，持有一笔交易，为自己押注的那匹马喝彩，并在下注失败时说："哦，好吧！"然后撕掉投注单。这和写作有点相似。投入时间，继续学习相关课程，你会学到新东西，玩得很开心，但是不要想着依靠一份出版合同去回收你的投资。

说了这么多，请记住一点，许多极其成功的事物都源于稀奇古怪的想法，这很有启发意义。说不定下一件大事就发生在你身上！不要因为某些东西不存在而不去书写，你可以让它存在。

如果你想出版自己的作品，现在就是最好的时机。直到现在，人们还以为只有名人或知名作家才能书写自己的故事。我给普通人的建议是，把你的经历写成小说。现在书店的货架上满是普通人撰写的回忆录。在所有非虚构类的作品中，也涌现出了比以往更多的个人故事，甚至小说家也被要求创作自传体作品来宣传他们的小说。

　　暂时先不要想太多。在创作的初始阶段，不要过于担心别人会如何看待自己的作品，这样一来，你将会取得更大的进步，并且收获更多的乐趣。不管怎样，你都应该满怀希望地开启这趟旅行，但孤注一掷，把所有鸡蛋放在出版这件事上，是很令人可惜的。当我重视写作本身的意义和目的时，我往往能做到最好。

第一部分：准备

"我能行吗？"

糟糕的艺术和优秀的艺术在创作时的感觉非常相似。

——希拉里·曼特尔（Hilary Mantel）

担心手头上的工作是好是坏，或者怀疑自己是否优秀都是毫无意义的。我们期望中的成品与手头上差劲的作品之间存在差距，我们要学会容忍这种差距的存在。我写了五本书，我在创作每一本书的时候都浪费了大量的时间去烦恼。担心我的作品一文不值，担心自己一无是处，担心别人会嘲笑我，担心我不自量力，高估了自己。我也苦恼自己为什么没有一份有假期和养老保险的正当工作，如果有正当工作的话，我就会有同事，我就可以在茶歇的间隙与他们攀谈，我也不会感到如此强烈的骇人的孤独。

心里老想着这些事情是没用的。原因如下，几乎所有的作家都生活在绝望和怀疑的漩涡之中。包括我自己在内的一部分人认为，功成名就的作家会因为他们已经得到了认可，而更自信一点。想必一旦成为正式作家，就没有什么可担心的了！但根据我个人的经验，事实并非如此。大多数作家总是忧心忡忡。在出版之前，我们担心自己没有天赋，担心自己把时间浪费在无人问津的东西上面。出版之后，我们担心自己只能写出一本书，而这本书已经把自己的心思挖空了。真的，我们又继续担心自己天资愚钝，担心自己把时间浪费在没人想读的东西上面。

对于这种担忧，你唯一能做的就是明白自己并不是唯一一个有这种忧虑的人，这可以帮助你减少担忧时间。我放弃了很多年，因为我觉得自己永远都做得不够好。我不敢相信这些想法和碎片会变成任何实实在在的东西。有一天，我听到一位作家在广播中说，她总是不确定自己的努力是否能够得到回报，大部分内容跟我现在所说的相同，但当时我听完之后满腔怒火。"呵，闭嘴吧！"我朝着收音机叫喊，"我敢说你一直都知道答案！"我想，现在大家可能也认为我有一个能解决一切问题的锦囊，实际上我真的没有这种东西，而且我曾经还认为自己很容易分心和拖延，这意味着我没有足够的天赋。

人们会说，如果你真的是一个作家，你会找到一种方法来写作。而我觉得，也许我不是一个作家，如果我是一个真正的作家，我会觉得写作更有趣、更容易。接着我会阅读自己写的东西，认定它们都是垃圾，然后放弃写作。

当我和我的经纪人乔女士谈论这件事情的时候，我的想法发生了巨大的转变。我们坐在伦敦书展外的一堵矮墙上，我哭了，因为我感到很迷茫、很痛苦，我觉得自己无法修改完《爱的最后一幕》的初稿。我告诉她，我只是觉得自己不够好。"听着，"她和蔼地说，"自我怀疑与创造力是交织在一起的。我虽不了解其中的缘由，但是所有我认识的拥有创造力的人，都花费了大量时间去认为自己一无是处。你只需要忽略这种声音。幸好你不是演员或喜剧演员，因为他们面临的情况更糟。"

对我来说，那是一个改变生活的时刻。乔给了我一个拥抱，我擦干眼泪，继续干活儿。现在我知道了大多数作家在大部分时间都认为他们自己是垃圾。这只是写作过程的一部分。我还没有摆脱自我怀疑，但我现在知道这种怀疑是不客观的，我能做的最好的事情，就是让自己拿起笔坐在书桌前。

因此，亲爱的作家，你在担忧作品质量上花的时间精力越少，你就越能把时间和精力投入到写作本身。

生活，写下来吧！

"我想动笔，但有东西挡住了我的路……"

我们都想写作，这就是为何我们会在这里。那么，是什么阻止了我们？我们有一种强烈的表达自己的欲望，它在与恐惧做斗争。这种冲动相当简单。我们想了解我们周围的世界。我们希望自己的经验对他人有帮助。我们渴望自己被关注、被听到、被理解和被爱。我们可能乐于成为富人和名人，这没什么错。也许我们想成为一个竞争者，留下印记，写出一些东西，给我们的生活赋予意义和目标。

恐惧是个复杂的多面体。它影响着我们身上的一切，我们总是有意无意地对自己产生恐惧。我们生活在这种极其不舒服的拉扯状态中，还耗尽了自己所有的能量。

我曾经试着无视恐惧，但没有用。即使我能应付它们一小会儿，过不了多久它们就会卷土重来，它们从没让我感到安全过。我知道自己内心的平静有点虚假，有点脆弱。有效的方法是直面所有的恐惧。我们需要让恐惧暴露在阳光之下，并寄希望于我们能使用日光消毒剂[1]。

让我们开始一次彻底的普查吧，这样我们就可以识别并跳过所有阻碍自己的事情，然后开始工作。

---

1. "日光消毒剂"是指把埋藏在自己内心深处的故事，通过写作的方式呈现出来，让它们接受"阳光"的照晒，以达到"消毒"的效果。

生活，写下来吧！

是什么阻碍我们写作？

表达是抑郁的对立面。

——伊迪丝·埃格（Edith Eger）

我喜欢在集结一组人之后，马上开始做这个练习。我们把它当成一个共同的思维导图来完成。我拿着一张大大的活动挂图站在教室前面，要求每个人说出自己写作时碰到的所有障碍，包括现实中的和心理上的。随着活动的进行，大家忘了彼此说了些什么，这感觉像是一种共同表达，它触及了横亘在我们与写作之间的核心问题。说出我们的恐惧可以让自己如释重负，我喜欢"说出它并驯服它"这句话。不是每个人都害怕所有这些障碍，人们承受着不同的压力，但是他们所担忧的事情，没什么是与众不同的。当发现自己并不孤单时，我总能感到安心。

我的父母、我的孩子、我的兄弟姐妹、我的前任伴侣、我们教会的成员、我的同事，他们会说些什么？

是不是太无聊了？我是不是太无聊了？

我凭什么认为我有话要说？

我害怕被人看见，害怕占用空间，害怕引起注意。

我没有充足的时间。

经济条件允许我这么做吗？我不应该把时间花在一些肯定会赚钱的事情上吗？

我的故事根本不合情理。内容太混乱了。

没有人想读我写的东西，它们不太可能会发生；它们太幽暗阴郁了；它们太微不足道了。

发生的事情太多了。发生的事情还不够多。

我经历了太多。我经历得还不够多。

我身上的某些个性让我觉得自己不会被别人喜欢。

我糊涂了！

我还不够格。

其他人比我更好、更有趣，有更多的话要说。

我可能会被起诉。

我没有属于自己的房间，没有书房，没有像样的电脑，没有好用的笔记本。

我不知道从哪里开始。

生活，写下来吧！

我的背痛、腕管综合征、抑郁症妨碍了我。

也许我该找份新工作，或者选择节食。

我听说没有关系就无法出版，所以这样做有意义吗？

我听说除非你长得很漂亮，否则你的作品是无法出版的，这样做有意义吗？

我年纪太大了。我太年轻了。

我太忙了。

从事情发生到现在，已经过去了太长时间。

洗衣房！我永远无法从洗衣房里出来。

如果这是废话呢？

如果我是废物呢？

这只是钻牛角尖，只是"第一世界问题"[1]吧？

我的语法不够好。

我苦于懒惰、散漫、好逸恶劳、无精打采。

我可能会感到孤独。

这需要很长时间。

也许我应该学水彩、刺绣和尤克里里。

---

1. "第一世界问题"（first-world problem）指的是微不足道的挫折或琐碎的烦心事，和发展中国家所面临的严重问题形成鲜明对比。

第一部分：准备

我不想让人觉得……

如果我真的写了，我就得和别人分享，他们可能会说这很差劲。

为什么我要鼓励自己和其他人把这些恐惧摆到明面上呢？这有点儿冒险，但如果你不把它们清理干净，它们就会化脓。当我们重新清除掉那些随身携带的垃圾，我们会感觉轻盈许多。我们开始明白有些事情是可以解决的，而另一些事情则需要得到解决。

马上行动起来。本着寻求日光消毒剂的精神，进行个人记录。你可以把它当作思维导图或情绪清单来完成。

把所有的恐惧从你身上清理出去的感觉如何？做几次深呼吸。祝贺自己做到了这一点，因为你直面了恐惧，因为你成了身披闪亮盔甲的骑士。

深入剖析

好的，让我们一起来深入了解恐惧的一些类型。恐惧是一个需要我们去探索的关系网络，其中盘结着有毒的信仰，它们看起来一个比一个真实。现在我们把恐惧写到了纸上，我们将会知道如何处理它们，我们也能看到，它们分属于一些松散的类别。

关于创造的拔河比赛

"关于创造的拔河比赛"是指自己在写作时，一方面渴望去表达自己，另一方面则害怕没人会在意，或是害怕自己会因此受到惩罚。当然，担心自己的言论和想法会受到评判，是出于一种渴望被自己所属部落接受的原始需要，所以表达自己的想法可能会让我们感到危险。我的脑海里有两种针锋相对的声音，其中一方认为，如果我能安静地待在家里，我就会很安全；这种声音虽然没有以前那么强烈，但是仍然存在。无论我做什么，这一方的势力都会对另一方说："闭嘴！别把你的头推到栏杆上！你想杀了我们吗？"这种处境的危险之处在于我们所有的精力很可能都被用于恐惧管理，而自己却没时间写作。

我有点不对劲儿：我太过优秀或者不够优秀

你有没有注意到，人们恐惧的对象甚至是相反的？屋子里有一半的人觉得自己太年轻，另一半人则感觉自己太苍老。有些人担心自己经历了太多苦难，另一些人则害怕自己的故事过于单薄。"我太普通了""我太时髦了""我太这个了""我太那个了"。有一个对自己的语法不放心的人，就会有一个担心自己写得太佶屈聱牙的学者。从写作的角度来看，你对自己的恐惧是否基于客观事实，这是无关紧要的。要明白这种焦虑对你毫无帮助。这个世界在很多方面都是不公平的，但是坐在那里告诉自己，我们的作品会因为我们是谁而不受欢迎，这对自己的创造力来说是很危险的。

如果你能说服自己，你是自己命运的主人，你能掌握自己的船舵，这对你来说是很有帮助的。如果生气能让你充满活力，那就生气吧！但不要让外部条件阻碍你表达自己。

完美主义

我们对自己如此不满，以至于不能马上完美地完成创作！我们的文化往往过于看重天赋和明星特质，而忽视了努力。我们指望着自己天赋异禀，这样我们就能安坐在桌前，写下一些文辞优美的东西。实际情况恰恰相反，我们需要为自己致力于创作过程本身而感到自豪，这样我们就能学到更多，变得更好；我们要重视体验的意义和目的，而不是拘执于最终结果。这确实需要很长时间。我们希望音乐家不断练习，演员多加排练，运动员刻苦训练。我们自己也需要达到那种程度的投入，别因为我们不能在下周二之前轻松完整地写出 5 万字而浪费精力生自己的气。

关于故事本身以及对我们讲故事能力的困惑

这种困惑的影响，可能会让人难以承受。我们有太多的问题，却没有足够的答案。我们不知道故事从哪里开始，不知道中间的内容是什么，也不知道该如何结束。我们知道每个故事都应该有开头、经过和结尾，我们知道自己需要解决这些问题。毫无疑问，不仅从一开始我们就必须接受无法获知全部答案的事实，而且这种想要获知全部答案的想法也是不实际、不可取的；因为正是写作本身钩沉了以往的记忆，产生了意义。只有通过写作，我才会真正了解自己对事物的看法。这是一个有机的过程。一个记忆会接二连三地串联起其他记忆，我会开始关注这些联想的模式。我总是不知道为什么自己会全神贯注于某件事，或者为什么两个看似不相干的事件会在自己的脑海中产生联结。如果我勤奋、有耐心，能够忍受困惑，那么意义就会浮现出来。潜意识以我们无法理解的方式运作，只要我们有勇气去探索，通常就会得到回报。我们都讨厌不确定，渴望稳定，但如果我们能将不确定视为通往理解的大门，这对我们的创作将大有裨益。

在开始写作之前，不需要先写一个大纲吗？

如果你在网上阅读过有关写作建议的文章，它们很大程度上会建议你先写一个大纲，接着写一个章节提纲，然后就像填空一样来写书。我没听说过有哪个回忆录作者采取这种方法。相反，我们会对此感到非常困惑。我们的方式是坐在角落里喃喃自语，还有可能痛哭一场，然后开始奋笔疾书，斟酌词句，积少成多。在创作后期，我们或多或少会知道我们写的是什么。重申一次，或许意义就是写作本身带来的。

棘手的"亲友关系"

如果我们把自己的故事传播到世界上，我们的家人、朋友、邻居和同事会怎么想？我们会被指控泄露家庭秘密吗？我们要如何处理侵犯他人隐私的行为？这是每个人都需要思考的严肃问题，我们还会仔细思考任何一个可能存在潜在冲突的人。不过，我们需要在这个问题上停下来。这种担忧的主要威胁在于它阻止了我们做其他事情。很多书从未存在过，不是因为作者不知道如何描写真实人物，而是因为他们过不了自己的那道坎儿，所以从一开始就没想过要把这些书写下来。

"你这个懒惰的混蛋！"

我认为懒惰其实就是拖延和恐惧。我曾与许多人共事，当他们感到恐惧、不知所措，无法控制自己头脑中不愉快的声音时，他们便会痛斥自己懒惰。

虚假可能性的诱惑

啊！我幻想的那把尤克里里在诱惑着我。我应该做点儿别的事吗？如果我不去写作，我就会去画水彩画吗？很可能不会。我只会闲坐在那里，让所有东西在我心里打转。其实并没有什么阻止我去画画或演奏乐器，我只是不想抽时间去做罢了。

比较和绝望

请不要屈服于比较和绝望。比较的罪恶由来已久，社交媒体又给它注入了致命的现代能量。我们很容易消极地拿自己和别人做比较。作家们总是这么做，有百害而无一利。写作真的和别人所拥有的外在条件毫无关系。深陷于不安之中，只会让我们更难找到自己的声音。我有很长一段时间没有写书，因为我觉得自己永远都不能像朱利安·巴恩斯[1]或希拉里·曼特尔[2]那样创作。最终我意识到，我不需要活在他们的影子里，我只需要诉说自己的声音。最近一段时间，如果我上网时间一长，我就会开始担心自己已经变老，精力不如当年，或者觉得自己根本是多余的人，是时候给年轻人让路了。所以我不得不关闭电子设备，回到书桌前，继续写作。

把"缺少"当借口

"我没有时间、环境或健康的身体。"这些说辞有的是真的，但我倾向于大部分人把它们当成借口。"在攒够买新电脑的钱之前，我没办法开始工作。""我得休息一周才能开始工作。""在医生为我进行激素替代疗法[3]之前，我无法开始工作。""我必须先复习一下自己的技能才能开始。"我遇到很多能诗善文的人，他们认为需要提升自己的语法水平！在这个阶段不要浪费时间去担

---

1. 朱利安·巴恩斯（Julian Barnes，1946— ），英国当代小说家。
2. 希拉里·曼特尔（Hilary Mantel，1952—2022），英国当代女作家，代表作品有《狼厅》（*Wolf Hall*）《提堂》（*Bring Up the Bodies*）等。
3. "激素替代疗法"是一种医学治疗方法，通过向患者体内注射含有缺失激素的药剂，替代患者缺失的激素。

生活，写下来吧！

心那些细枝末节的东西。秘诀在于，把你的努力用在你所拥有的以及你能完成的事情上，而不是烦恼自己缺少了什么。

这是很久以前的事儿

伊丽莎白·简·霍华德[1]，是我最喜欢的作家之一，她经常把自己作为小说中的素材，你只需要比照她的小说和她的回忆录《滑流》（Slipstream），很容易就能看出这一点。她说："你得把自传式的记忆像酒一样储藏起来。"比起我提到的"发酵"的概念，这是一种更优雅的表达方式。那些曾经发生在我们身上的事情，构成了今天的我们；但这些事情往往需要经过时间的酝酿和发展，我们的成长也是如此。在我们的经历酝酿成熟，变成我们可以书写的内容之前，需要耗费多长时间没有统一的标准。无论时间如何流逝，请试着从积极的方面来看待问题。在事件发生不久就撰写的回忆录，可能具有强烈的即时性。但事后撰写的回忆录，往往具有一种被时光冲刷过的深度，作者对记忆的反思能够丰富回忆录的内容。不要担心你的记忆不够完整或者支离破碎。在遭受创伤之后，时间和记忆确实像脱缰的野马，不受控制。但在写作的过程中，我们有很多方法可以解决这个问题。

1.伊丽莎白·简·霍华德（Elizabeth Jane Howard，1923—），英国小说家，著有 12 部小说。

"我不想让人觉得我……"

我认为每一位我共事过的作家，都曾在某个时刻对我说过这句话："我不想让人觉得我傲慢自大、冷酷无情、顾影自怜；我不想让别人觉得我对自己所拥有的各种特权一无所知，或者自以为无所不知；我不想给人留下痴迷于自己、痴迷于孩子、痴迷于工作的印象。"我们还可以继续列举出很多个句子，稍后我们将进一步讨论这一点，但现在让我来告诉你，这不是在创作初稿的时候应该关注的问题。不要让这些关于你最终可能会被如何看待的担忧，阻止你写下自己的想法。

迷思

互联网上很多关于出版发行的内容都是胡说八道的，而且往往是那些对自己的写作前景感到不安的人写的。有一种广为流传的观点认为，你需要有吸引力。恕我直言，作家并不是一个特别光鲜亮丽的群体。我认为这个世界上还存在一些没那么在乎你长得如何或者有多特别的职业。媒体比出版行业更关心你，如果你恰巧长得标致俊秀，妩媚动人，那么最终你很可能会被拍下很多照片。我再重申一遍，世界不欠你一个稿约。出版不是你可以通过明确的步骤来获得的资格。尽管出版很不容易，但是没有证据表明你不能成为出版图书的那个人，你只有通过尝试，才能知道答案；因此不要觉得自己太年轻、太年老、太没有吸引力，也不要觉得是自己出了问题。

有一种观点认为，人在同一时间只能做好一件事情，要么开心地谈恋爱，要么充实地工作，要么尽情地发挥自己的创造力，但我不认为这是真实情况。没错，我们确实需要想好要把自己的注意力和焦点放在哪儿，但我想挑战这种观点，即我们总是需要牺牲某种东西，以此获得我们想要的其他东西。

批判的声音

也许你的脑子里有一个声音在告诉你为何写作不是一个好主意，也许它跟你说的还不止这些！身为作家和治疗师的朱莉娅·塞缪尔[1]，将这种存在于大脑中的合唱称为"糟心委员会"。我脑子里的那些声音在痛斥我的懒惰和愚蠢。它们总是希望我停止工作。它们喜欢把注意力集中在那些我不可能完成的事情上，也许我会因此生病或被逼疯。它们说，即使我真的完成了所有事情，那也会是个垃圾。它们觉得我缺乏耐力，也没有决心把事情

---

1. 朱莉娅·塞缪尔（Julia Samuel, 1959—），悲伤心理治疗师，为无数丧亲家庭提供了专业的心理辅导，曾出版《悲伤的力量》（*Grief Works*）一书。

变得更好。而且它们还说，就算我真的把书写出来了，我的作品也确实传播到了世界上，但当大家都来告诉我我的书很糟时，我还是不知道怎么去面对。既然如此，你为什么不去小憩一会儿呢？为什么要去操心那些做了也不会得到什么好处的工作呢？

我的朋友克莱尔是一名治疗师，她说我们脑海中那些批评的声音往往跟过去的经历息息相关，它的出现是为了保护我们。知道这一点很重要，也许我脑海里的声音是想保护自己的安全。它真的希望我停止暴露自己。"别站起来，"它说，"不要让别人注意到你！你以为你是谁啊？"它会不遗余力地阻止我。

有时外界的声音会变成内在的声音。我认为我脑海里的某些声音源于我在约克郡的成长环境，在那里我们不被允许展示自己。因为我一直受到父母的鼓励，所以外面的世界对我来说可能是一个冲击。"她自鸣得意"绝对不是一句恭维话。

你的脑海里有批评的声音吗？它都说了些什么？记得对它保持好奇，也要明白它会帮助到你。把那些声音都写下来，能够减轻你的痛苦。你可以先在笔记本上写"你想怎么样？"，然后你只管动笔把它们写出来。假若你发现了它的动机，你就能从中得到一些安慰。通常来说，这些批评的声音总是试图保护年轻时候的我们，或者把我们从那些不再需要被拯救的事物中拯救出来。如果我们知道它的意图，我们可以说，"谢谢！现在的我不再需要你来保护了。"或者你可以说，"我知道你想帮忙，但当你用棍子敲我的头，说我是垃圾的时候，你的帮助让我很无助，让我没法完成手头的工作。你能稍微对我好一点吗？"或者你也可以在脑海中设置音量开关，当声音响起的时候，将它的音量调低。有时候，最行之有效的办法就是让它闭嘴！

虽然我无法消除自我怀疑，但随着时间的推移，我已经把它从一只在我耳边喋喋不休的猴子，变成了一条睡在我脚下的可爱的老拉布拉多犬。唯一的办法就是写作。行动可以治愈恐惧。也许没人想读你写的书，但如果你不写，你怎么知道没有呢？

深层的阻碍

我和一群学习写作的学生待在凯斯尔·巴顿艺术中心一个叫"苹果商店"的房间里面，这个房间由谷仓改造而成，外部有一条石梯。凯斯尔·巴顿艺术中心位于康沃尔郡法兰西人河湾（Frenchman's Creek）的上游，这是一个风景秀丽，历史悠久的农庄。我们正在探索自己是如何在不知不觉中积累无益的信念，以及这些信念是如何煎熬我们内心，阻碍我们前进的。

我给他们举了一个例子，我在怀我的儿子马特时，预产期过了两周他还没动静，医生不得不对他进行引产，最终我接受了紧急剖腹产。手术结束之后我躺在床上，脑袋昏沉，还没从麻药中清醒过来，这时一位医生来到病床前看望我。

"我希望你不要因为没能自然分娩而感到遗憾，"他说，"你的骨盆太狭窄了，那个孩子不可能顺产。这要是在过去，你会有生命危险。"

我知道这个医生是想要让我振作起来，但经过这件事我意识到，若是在没有现代医疗手段的情况下分娩，会要了我的命。由于我的想象力过于丰富，我总是不由自主地觉得世界末日即将到来。所以我决定，我要先保证自己的安全，这样我才能照顾好马特。我不能冒着风险再生一个孩子，万一我无法去医院生产，我会因此而丧命，留下马特孤零零一个人。

每个人都在点头。成员露易丝在分享的时候说，她妈妈在去世之前正试着写一本书。露易丝说，她清楚地知道，她妈妈不是因为写作而去世的，但不知为什么，她脑海里总是把写作和母亲去世这件事联系起来，觉得写作是一件危险的事。大家深以为然，纷纷点头。另外还有人说，他们总是觉得自己不能承受太多负担，因为他们的母亲总念叨着，父亲心脏病发作是因为太忙了。

有人问我，抚养一个小孩，对我的写作是有所裨益还是是一种阻碍。

"有趣的问题。"我说，"马特是《爱的最后一幕》的重要催化剂。我想为他做一次心灵大扫除。而且随着他年龄的增长，我担心某些事情会让他心烦意乱。如果我把自己的想法写下来，那会怎么样？比如把为人父母的复杂性，把我对于自己身份被削弱的想法，以及自己总是无所事事的状态写下来。比如告诉他，我深爱着他，却又不想受他摆布的感觉有多么不舒服。比如把我发生车祸，被一辆公共汽车压扁，以及我做过的所有忘恩负义的事情都记录下来。"

大家用友善的目光看着我，这让我感觉好多了，心里稍微轻松了一些。我坦陈自己与那杯由关爱、责任和厌倦调和而成的母性鸡尾酒进行了极其激烈的斗争，我把这些都说了出来，天并没有塌下来。这就像是在举重，虽然有点过时，但看起来很有趣。我知道我不想在马特还小的时候冒这个险；我可能对真实的自己没有太多记忆，但现在呢？我甚至可以想象向他解释这件事的画面。我更喜欢谈论写作，而不是帮他整理卧室，这对他来说并不是一个特别大的打击。我能看到他望着我说："妈妈，我知道你更愿意花时间把想说的写下来，而不是陪我玩儿。我可以接受，别担心。"

这时我心中又有别的想法冒了出来，我的嘴唇颤抖着，犹豫着要不要说。我在全神贯注地讲课，我可以表现得很专业，不在别人面前探索未知的领域，但我信任自己和我的学生，所以我选择继续深入。"我在经营一家教育慈善机构的时候，有一个人的故事被写进一系列鼓舞人心的案例研究当中，他希望我们删除关于他的所有内容。"我的声音嘶哑了。"他分享了自己在监狱里学习阅读的故事。当时他很自豪，但现在他儿子在学校受到欺凌，因为其他学生在谷歌上搜索到了他，还找到了那篇文章。"

我停了下来。我记得他在电话那头向我解释的时候，我很伤心，肚子里翻江倒海。"直到现在我才意识到这一点，但在试图帮助他的过程中，我接受了孩子们可能会因为自己父母的故事而受到伤害的事实。随着马特一天天长大，我担心他有一天会因为我做的事情遭到嘲笑。"

房间里悄然无声。我不是唯一一个眼里含泪的人，我们都感受到了爱的负担。

"这可能吗？"有人问，"那个朋友是个可怜人。但这可能会发生在马特身上吗？"

"我不知道。"我缓慢地说，"也许不会。"

阳光透过窗户照射进来，这是日光消毒剂在现身说法。

"我突然明白，我可以逃脱以前那些霸凌事件的魔掌。这确实让我释怀了。"

我们继续讨论生活是如何充满风险，而我们的大脑又是如何发现这些风险；但最大的风险是，对于可能发生的后果的恐惧阻止了我们采取行动。

你的深层阻碍是什么？是写作方面的，还是生活方面的？你能够温和地识别它们、记录它们，并找到日光消毒剂吗？

你可以使用这个提示："在内心深处，真正使我恐惧的，是……"

第一部分：准备

质量

我们已经直面自己的恐惧了！希望我们已经放弃了渴望，不再想着生活在完美的世界、不再执着于成为无瑕的人，不再指望自己所有的关切会得到及时的答复了。或者说，我们至少发现了一些阻碍自己的东西，也感觉没那么孤独了。我希望我们能明白自己的恐惧并不是独一无二的，也不是我们所独有的。我们要知道，识别出恐惧能够让自己自由地写作。

所以，我们已经了解了那些可能会绊倒自己的东西。现在让我们一起来看看，哪些东西将会为我们提供服务。

承诺

好奇

观察

知觉

韧性

适应能力

生活，写下来吧！

静静地待着以及独处的能力

管理诱惑

管理完美主义

自律

专注

开放的思想

开放的心态

玩乐精神

想象力

隐私

如果我们能从参与的过程中找到乐趣，这对我们很有帮助。我们能在一无所知的困惑中保持静定吗？设想一下"我正在努力学习新事物，这不是很令人兴奋吗？"而不是"我不擅长做这个，为何我这么笨？"让我们把自己想象成一个可爱的胖乎乎的婴儿，第一次尝试着站起来；或者想象成一只美丽的、长着大眼睛小马驹，正抬起摇摇晃晃的双腿，迈出第一步。

做别的事情总是比写作更容易，而且现代世界有大量吸引我们注意力的事情。我们越能够控制住诱惑，不被分心，我们就会越自由。

我的目标是通过自己的文字来变得宽宏大量，富有同情心，但这都受制于我能否完成自己的承诺。

我没有把自信列入这个清单，因为我认识的作家几乎都没有自信心。如果你需要的话，你可以试着培养自己的自信心。快乐也是一个棘手的问题，但是你越能忍受自己的负面情绪，你就越能获得快乐。你还有什么要补充的吗？

现在就去做清单里的这些事情。在冥想的时候思考它们，让它们生根发芽。把那些能引起共鸣的想法写下来，并用不同颜色的笔在漂亮的纸上绘制出思维导图或列表，再把它们贴到桌子上或笔记本上。这是你需要的东西。

写作的奖赏是很丰厚的！写作就像是待在一个有衣橱的房间里，这个衣橱能把你带到其他广阔无垠的世界里。写这个动作本身能帮你打开这扇门。如果你烦躁不安，不停地跑去厨房吃零食，这个门就会一直处于关闭状态。居住在其他世界里的人也很害羞，假如你一直盯着手机或是收听新闻广播的话，他们是不会出现的。他们为什么要出现呢？你需要做的就是坐下来，提笔写作，仅此而已，然后你就能打开那扇门了。

生活，写下来吧！

停止设限！

当一个想法或灵感产生，或者一件趣事发生时，我们会很开心，也许还会在笔记本上写点什么，但我们的注意力马上就会被其他事情分散。你可能会说："唉，那个故事是关于我的婚姻的，而我写的是一本关于自己童年的书。""唉，这个内容太沉重了，那个又太微不足道。这些内容对任何人来说都太压抑、太琐碎了，根本不值一读。"或者认为："我看不出这个内容跟我已经完成的其他工作有什么关系。我不知道该把它放在哪里。"甚至你会纠结："我应该把它写在日记里，还是用我刚下载的录音软件录制下来？"

只要我们一有表达自己的冲动，焦虑和怀疑几乎就会围攻我们，我们还会怀疑那些冲动，将它们视为一种障碍。我们任由大量的"如何？""为什么？"和"否则……"在自己的脑子里纠缠盘绕，让自己错过了那种美好的冲动。我们需要停止这种扼杀自己思绪的行为。

回忆录方程

你 + 你的经历 = 故事

相信你的故事是独一无二的。正如没有指纹是相同的，也没有故事是相同的，正是你和你所见证的事物的结合，才产生了魔力。

生活，写下来吧！

我的秘密

让我告诉你一个关于我写作的秘密。我一直想写书，因为我的脑海中有一本书的雏形。我一生都沉浸在书本和阅读中，我为写作作出了牺牲。尽管我很想出门，但我还是会待在家里。我戒了酒，因为我知道自己无法在酒后写作。这是一个强制行为，但是是我的头等大事。

尽管我对创作有着如此强烈的欲望，我还是宁愿做些别的事情。躺在床上边吃甜食边重读乔吉特·海尔[1]的书，总是更容易的。我喜欢写完的感觉胜过写作本身。自从我承认并接受了这一点后，生活变得轻松多了。

万事开头难，开始之后就要坚持。如果我能同时做到这两件事，快乐就会随之而来。我必须认真思考如何做到。在这个充满诱惑，到处都会让人分心的世界里，只有意向是远远不够的，我

1.乔吉特·海尔（Georgette Heyer，1902—1974），英国小说家，"摄政言情"（Regency romance）小说类型开创者，同时也擅长创作侦探小说。

必须刻意为之。做任何事情我都得把自己关起来，否则我会像一只被闪光物诱惑得眼花缭乱的喜鹊，举止失常、行为疯狂。

重要的是要平和对待自己会遭受各种诱惑的事实，而不是认为只要自己天赋异禀、聪明绝顶，一切都会变得很容易。如果我明白自己需要为创作而持续努力，那么我就能投入进去并乐在其中。写作就像一个智力和情感的训练营。我需要为此做好准备，而不是期待在公园里散步，然后在事与愿违的情况下惊愕地放弃。

恐惧、私密与搁置

这项实验是我在一本关于正念和创造力的书中看到的。有两组学生的实验任务是要让老鼠穿越迷宫。其中一组需要让老鼠触碰到迷宫中心的奶酪，另一组则需要让老鼠避开一只凶狠的猫头鹰的视线。最后这两组学生都制定出了富有创造性的解决方案，但由于"猫头鹰躲避者"全程心惊胆战，它的表现比"奶酪猎人"逊色了一些。

当我们处于恐惧状态时，我们大脑的某些部分就会停止工作。这就是为什么分享我们自己的工作会如此复杂，因为这完全取决于我们关注的是愉悦还是恐惧。有些人觉得眼前关注的事情很刺激，如果你也是如此，那就继续享受吧！但也有人会感到害怕。通常来说，如果我们在写作的过程中，过早地关注他人的反应，会使我们无法继续写作，因为我们会因恐惧而搁笔。这时他人的反应已经变成一只巨大而可怕的猫头鹰。对我而言，读者确实会变成可口的奶酪，但也是直到创作后期才会如此。

在创作回忆录的过程中，知道不同阶段该担心什么至关重要。如果我事先考虑了自己在创作后期才需要做的所有事情，那我就永远不可能写出《爱的最后一幕》这本书。只有告诉自己，我写的东西注定要藏在一个抽屉里，我才能找到自己的隐私和继续前进的空间。在写作的早期阶段，你必须把世界拒之门外；而在创作后期，你必须敞开大门，让外部世界参与进来。即使是撰写书评或专栏之类的短文，如果我陷入了困境，我知道通常是因为自己太专注于最后的阶段，即人们会如何看待我的文章。这种状态阻碍了我把想法写下来。然而，如果我回到早期阶段，只专注于如何回应那些观点，我会看到自己的想法跃然纸上，如此一来就可以顺利进行接下来的编辑和修饰工作了。

最重要的是开始，是养成把只言片语记到纸上的习惯。这里的主要障碍在于，我们害怕自己做错了，或是担心人们的看法。因此，暂时先把这两个巨大的担忧搁置起来吧！目前我们要给自己提供随意书写的自由，避免处于焦虑状态，远离对赞扬的渴望和对批评的恐惧。我们需要拥抱自由，远离评判，这样我们才能让写作发挥它的魔力。写作的私密性允许我们把所有忧虑都写到纸上，我们要做的只是在纸上写下一些字词。

那么，奶酪是什么？奶酪是我们正接近自己创造性和趣味性的一面。我们可以处于一种平静、好奇、富有同情心的健康状态，而不是给人留下冷酷无情的啮齿类动物的印象。我们可以走到衣柜前，把门打开了。

读者之死

别担心！我们稍后会让他们复活。我享受拥有读者的感觉，人们看我的作品并做出回应，这确实是我生命中的一大特权。但在创作的早期阶段，我必须试着忘记所有读者，否则我连半个字也写不出来。初稿太过稚拙，不适合展示出来。我担心自己冒犯到了别人，害怕自己没有充分确认自己的权利。我非常害怕做错事，害怕让我认识的人感到不安，害怕激怒我不认识的人。我能完成那些初稿的唯一方法，就是想象其他人都会在90%的创作过程中死去。

这显然有点极端。随着时间的推移，我想到了一个更温和的比喻，那就是灯塔。我把自己想象成一座灯塔，并给它设置了不同的房间，其中包括一间我可以长时间泡澡的豪华浴室和一间金碧辉煌的书房。我可以花很多时间来装饰自己的灯塔。关键在于灯塔被海洋包围着，我是安全的，与世隔绝的。是否点亮灯塔，何时点亮灯塔，决定权在我手里。

所以，我们可以平息恐惧，可以自我感觉良好，并开始探索自己想说什么。我们可以忍受不知情带来的不适，这样我们就可以挖掘自己并呈现在纸面上。等到我们要开始想象另一个读者，并考虑点亮自己的灯塔时，我们会做得更好。

生活，写下来吧！

第二部分： 挖掘

我的工具包

下面我把自己的工具介绍给你：

思维导图

我们在关注恐惧的时候，就已经接触了思维导图。我喜欢思维导图，因为它是一种摆脱线性思维和逻辑思维的工具。你所需要做的就是把一个词语、一个想法，或是一个主题，写在稿纸中央，然后对它进行拓展和延伸。通常情况下，你会从联想出来的新词里挑出一个，将其写到另一张稿纸的中央（接着进行另一幅新导图的绘制）。不用一字一句地写作是一种解放，这意味着你可以自由地专注于纯粹的内容。这是我知道的用于捕捉那些迥然不同却又相互关联的想法的捷径。在纸上用视觉呈现一个想法或主题，很有用。当你绘制出自己已经知道的地图时，你就可以开始挖掘、刺激自己潜在的记忆，你将看到不同的内容之间存在的联系和模式。

清单

除了各种导图之外，我还喜欢列清单，用于收集想法和内容，而且不去思考或解释它们的含义。我喜欢清单积少成多的属性。

自由写作

自由写作，是一种随意地用句子进行创作的方式，而不是试图写出优美的散文，不是堆砌华丽的辞藻，也不是要运用惊人的意象。你唯一要做的就是让笔在纸张上移动，或者让手指在键盘上敲击。如果你不知道该写什么，那就写你不知道该写什么。这种做法之所以行之有效，是因为它降低了我们对写作质量的期望，使我们能够自由地探索和玩闹。我写得越多，就越想把自己所有的写作都变成自由写作。现在就试一试。拿出一张带有提示的纸，上面写着：我买这本书是因为……

提示和提问

我喜欢在写作和教学的过程中用上提示和提问，因为与从一张白纸开始的状态相比，回答问题往往更容易、更有趣。当你继续阅读这本书的时候，你会看到很多这样的内容。

限时写作

对于那些时间不够用，或者时间太充足的人来说，限定时间是个很好的办法，他们完全可以找到一个五分钟的空档。如果我们有三个小时用于写作，那么我们很容易在头五分钟，或者更长时间，只是坐在椅子上动来动去。我们还会说服自己去泡一杯咖啡，去快速处理其他琐事，或查阅引述的内容和事件的详情。限定时间的另一个好处在于，它能安抚你的恐惧，这是一种避免冲动的好方法。如果你的时间有限，限定时间所带来的奇迹之一是，你会对自己取得的成就感到惊讶。限定时间的不好之处则在于，如果我们没有计划好如何使用宝贵的时间，那么浪费时间是极其容易的。我自己也这样做过，我还经常和一些专门请假去写作，或者逃离孩子，甚至特意租了一间小屋的人一起工作，结果每当要开始写作时，恐慌也随之而来。他们被沉重的期望压得喘不过气，时间都浪费在了焦虑上。他们会呆呆地盯着窗外，更糟的情况是盯着手机。

我建议不要用手机计时，因为它太容易让人分心。我有一套颜色各异的沙漏计时器，它们都很漂亮。练习写作的时候，我用 5 分钟和 15 分钟的计时器。通常时间过了一个小时我还在写作。

使用计时器只是为了让自己开始，当计时器停止时，我不会让自己停下来。如果我有什么不愿去做的事情，那么15分钟的计时器就特别管用。我对自己说，明天一早只给它15分钟。这通常能给我提供充足的动力，让我开启一个困难的事情。

我用30分钟的计时器来做更长的伸展运动。假设我在休假之后想要回到一个项目上，并想在接下来一周的每天早上都做这个项目。我会承诺自己每天工作两个小时。翻转两次计时器，也就是一个小时之后，我会站起来做点伸展运动。如果我需要的话，我可以去给自己倒杯茶，只要我不闲逛，不跟我丈夫说话，也不打开邮箱就行。接着我再次翻转计时器。四次翻转之后，我的任务就完成了。两个小时是某个时期我对自己的要求。我经常想坚持一段时间，我也确实是这么做的。这种技巧使我的写作生活不那么痛苦。直到计时结束，我才允许自己舒展一下身体。通过安排时间，我可以忽略自己头脑中的杂音，那些声音要么是想说服我休息一下，要么是想引诱我去喝杯酒，或者去做其他事情。当我进入状态之后，我不再需要计时器，我会忘记翻转它，因为我很愉悦地专注于自己正在做的事情。这很好。当我遇到瓶颈时，我会跳脱出来。

你也可以在冥想时使用这个方法，我经常在洗澡时设置一个30分钟的计时器，以防我太专注于看书而忘了时间。

第二部分：挖掘

笔记本

我总是随身带着笔记本。笔记本需要易于携带，尽管我更喜欢 A4 大小的本子，但我倾向于将 A5 本作为自己的日常笔记本。我喜欢质量好的纸张，不喜欢那些花里胡哨的本子，它们让我害怕。我通常从书店的文具区购买，但有时会尝试用素描本或音乐纸来做笔记。在法国生活的时候，我对那种方格纸很感兴趣，不知道它哪里吸引了我。我喜欢各式各样的笔记本，也喜欢寻找完美的笔记本，但我只是喜欢寻找的过程，并不是真的想要找到完美的笔记本。

宽敞的空间

我喜欢把白纸粘贴到墙上，并在上面绘制思维导图。我有一个桌面挂图板和一卷可以粘到墙上的魔法白板。尽管我并不完全理解这种方法的效用，但在纸上写下我的想法，看着它们被展示出来，对我而言是非常有用的。此刻，我环顾了一下自己的房间，有一块白板专属于现在这本书，白板的中央写着"创作一本书"，还有块白板属于我正在创作的小说。另外两块白板分别属于"想法"和"引语"。我经常在半夜带着一个自己日思夜想的想法醒过来，然后走进这个房间，把想法写到白板上，然后再回到床上。

我的终极幻想是把整个房间粉刷成白色。我可以在墙上写得满满当当的，在写完一本书之后再重新粉刷，为下一本书做好准备。也许有一天……

色彩鲜艳的东西

我会刻意刺激自己的好奇和童真，而不是担忧人们会说什么。因此，我经常使用大头笔和彩色铅笔来绘制思维导图或进行自由写作。我把五颜六色的便笺点缀在我的周围，上面写着要引用的内容或是我想记住的东西。这么做让我感到有点尴尬，我害怕人们会嘲笑我，所以最近看到希拉里·曼特尔在采访中提到她也喜欢玩彩色铅笔，也喜欢在白板上画画时，我感到非常高兴。当然，如果我想践行自己所提倡的方式，那么，就算没有名人的加持，我也会这么做。

项目

我喜欢用"项目"这个词来描述正在进行的工作。这让我想起学校上学时的一些事儿，学校里的项目往往都很有趣，跟个人的选择息息相关。这个词不像图书那么可怕，它涵盖了一切，包括思维导图、涂鸦，以及所有仍留在我们体内的东西。它看起来和自我挖掘阶段的工作很合拍。

让我来督促你工作

记住到目前为止我们讨论过的所有事情，带上你的笔记本，如果感觉合适的话，设置一个计时器，并按照这些提示开始工作：

> 我想写关于……
>
> 我想这么做是因为……
>
> 阻碍我前进的是……
>
> 我要把一些东西停下来，然后专注于……

生活，写下来吧！

日常写作

这些话似乎透露了我最隐秘的感情。

——埃莱娜·费兰特（Elena Ferrante）

我建议你每天都进行写作练习。想象一下跑步之前的热身，或者作曲之前要用钢琴弹奏音阶。我们需要做一些准备活动，伸展手指和思想，降低对自己的期望。你可以把写作练习称之为晨间日记、潦草笔记、日志或者任何你喜欢的称呼。

我进行日常写作练习是因为它契合我的生活，我喜欢那些发生在自己半睡半醒状态下的事情。我知道自己早上可以出色地开展工作、进行思考，所以我承诺不浪费弗吉尼亚·伍尔夫说的"大脑中的精华"。我的目标是每个工作日都这样。从 2017 年夏天开始，我就经常这样做，那也是我戒酒的时候。在那之前，我建立的任何规则都不能阻止我酗酒。我经常醉醺醺的，以致无法履行自己的承诺。

我应该写在笔记本上，还是电脑上？我现在用的是笔记本电脑，主要是因为怀孕期间我的手出了点儿问题，很难用钢笔写字。我想，如果我有选择自由，我会写到笔记本上，因为看着文字在纸上增长的成就感无与伦比。我很高兴看着笔记本的数量一点点地累积。

使用科技产品最重要的一点是，你必须遵守纪律，不要上网闲逛或是查看电子邮件。你可以通过购买一些软件来帮你做到这一点。我发现，一旦我设置严格的规则，如"我不会在自己的写作室与外部世界联系""如果我在家，中午之前我不会与外部世界联系"，严格遵守这两条规则让我有足够的自由不受外部世界的干扰，保障了自己的日常练习和写作。如果你觉得很难做到，那么试着用笔记本代替，毕竟有很多行为科学家正在努力让网络变得让人难以抗拒。有时我的规则体系会崩溃，我会反抗自己，会因为某事而感到兴奋或紧张，不断地检查电子邮箱，或是偷偷摸摸地查看新闻。这种违反规则的做法不是做完就结束了，它还助长了我大量的坏习惯。最终我需要重新定下规则。

保持灵活性，按照适合自己生活的节奏来工作。以前我因为没有自己的书房，也没能比马特先醒过来，以致很多时候都不能像现在这样完成既定的工作。当我睁开眼睛时，马特总是问我："现在是早上吗？"那段时期，如果我在地铁上能找到座位，我会把自己的文稿写到笔记本上；如果我找不到座位，我会在午餐时间进行写作。如果我四处奔波，我会尽量一大早就开始写作，不过这种安排并不总是能完成。如果忙碌了好几天都没有写作，我总是会感到愧疚。我把写作当成是自己精神家园中不可或缺的管家。

细节只有在你需要事先决定的情况下才重要，这样你就不会浪费时间犹豫不决："哦，是的，我应该埋头写作。但我不知道该写多少？我应该用手机写还是用笔记本写？"这种问题耗尽了我们的精力和创造力，并为拖延提供了无限的借口，比如：也许我应该等到自己有一个好的笔记本，也许我应该先调查一下那些被互联网屏蔽的软件，也许我应该先找到一支符合人体工程学的笔，等等。所以提前计划好你要做什么，从小事做起，规律性和连贯性是需要努力保持的。每天写 200 个字，比承诺写 1000 个字，但第三天就放弃好得多，因为这样的任务太繁重了。如果你用的是电脑，那么字数是最好的衡量标准；如果是笔记本，可以根据页面的大小来决定写多少页。我在使用笔记本时，通常会隔开三页纸。你也可以用时间来衡量。15 分钟是个不错的时间，但如果你只能应付 5 分钟，那就充分利用它。如果你能在 5 分钟内做到这一点，你会感到惊讶。记住，你的目标不是写下优美的散文或拥有敏锐的洞察。你唯一要做的就是在稿纸上写下文字。

第二部分：挖掘

我该写些什么？写生活中那些杂七杂八的事儿，我做过或看过的乱七八糟的事情，我想到的小说，或者我正在写、正在读的书里的想法。我从书写时间开始，经常写一些关于睡眠的反思，也写了很多抱怨的话。我通过这些私密、个人的文字来宣泄自己的情感。生活中有很多这样的洗碗机时刻（这是我对家庭琐事的描写）。当我还在书店工作的时候，我会把那些烦人的同事和顾客都记录下来。当我经营一家慈善机构的时候，我会把关于资助申请的压力倾吐于文字之中。对我来说，在纸上抱怨要比让它们在我心中晃荡、最终以怨恨的形式浮出水面要好得多。我写的是悲伤的感觉，写的是我有多爱我生命中的人，写的是我有多害怕失去他们。我常常以几件我觉得感激的事情作为结尾。

你可以记录自己的梦想，或是记叙当时的天气。如果你发现自己的晨间日记都被时事新闻所占据，那就要考虑从媒介中逃离片刻。正因如此，才使得我质疑自己为什么要花那么多时间在新闻上面，为什么要为了自己无法控制的事情而苦恼。你可以写关于写作的文章。当我在第六学级学院[1]学习戏剧的时候，我们必须随身携带一个工作笔记本。这个笔记本应该记录我们在创作过

1.第六学级学院（sixth form college），英国为提供第六学级教育而单独设立的学校。1954年由克罗伊登的教育局局长金（Rupert Wearing King）建议设立。

程中的一系列反思，但我们通常都在交作业的前一天完成它。我现在觉得，在一年之内写下数千字，把自己正在写的故事，以及故事是如何发展的过程都写下来，是一个很不错的机会，可惜被我们浪费掉了。回顾过去是非常有用的。

这种练习方式是偶然发展起来的，但现在我用它来为未来的自己储存素材，有一个很重要的原因是我发现自己的记忆随着年龄的增长而发生变化，大部分生活细节都消失了。我随手翻开一页，发现自己曾在凯尔索附近的一家商店里，我和朋友詹妮在那里教书。我当时还给马特发送了一张大象饰品的照片。那个大象饰品的标价从250英镑降到了150英镑。他回复说：对于一个大象饰品来说，还是有点太贵了。

我有一条重要原则。我认为日常写作练习不应被视为"产品"，我们甚至不用取悦自己；但我确实很喜欢回顾自己的日常练习，并且发现它很适合作为创作其他内容的原材料。这两个方面是很难保持平衡的。

有时我会开始写自己以后才需要写的东西。如果缪斯来敲门，我不会拒绝她，这也是我喜欢在电脑上写作的另一个原因。我可以快速地从正在进行的工作中剪切或粘贴一些内容。

正如我前面所说，我试着在每个工作日都这样做。我知道有些人把每天都排得满满当当，但我发现自己喜欢在周末得到完全的放松。这可能是因为写作是我的工作，如果我有更常规的工作，并且在平时的工作日里都十分繁忙，我可能只能在周末写作。如果我错过了早晨，我会晚些时候再写，晚上写作与清晨写作有着不同的品质。我的晨间日记涉及的内容很广泛，主题很丰富，也更为梦幻，早上写的内容对现实的反映比较少；但到了晚上，我通常会对白天发生的事情做出反应，这时我变得很被动。

有时我下笔如行云流水，感觉自己像个天才；有时我反应迟缓，绞尽脑汁也写不了几个字。这时候如果我开始写作，我会感觉好一些。就像自由写作一样，如果我想不出有什么东西可以写，那么我就写我想不出有什么东西可以写。我现在认为这些阻滞的过程可能比流利的进程更为重要。这种练习听起来确实很简单，只是每天写几分钟，不带任何期待，但如果你坚持下去，就会有巨大的回报。

那么，明天你会进行自由写作吗？提前决定要做什么，把它记下来，当你躺在床上慢慢睡着的时候，提醒自己明天的计划和细节：

明天早上我会在 6:30 醒来，然后伸手去拿床头柜上的笔记本，用我那根紫色的钢笔写下三页的内容。

明天我将在日出时分醒来，下楼，打开电脑，在我提前创建好的文档中输入 500 个字。

生活，写下来吧！

明天，在我完成家务之后的第一个空档，我会设定一个 5 分钟的计时器，并在我的新笔记本上写作。

明天下班之后，我会在回家路上的那间咖啡馆逗留片刻，用手机上的备忘录软件写下 250 个字。

去争取吧！

希望你玩得开心。不过开不开心也没那么重要。不要试图变得聪明，也不要要求自己写得更好，或者创作出优美的散文。降低对自我的期望。你所要做的就是写下来。

如果面对空白页会让你感到紧张，那么你可以从一个简单的写作提示开始。这里我提供了一些参考，你也可以自己去收集类似的提示。

昨晚，我梦见……

所以，现在就起床……

多么令人激动的……

当我看到……我的心跳了起来。

这是最好的时代，也是最坏的时代……

我们又……

我有一个梦想……

第二部分：挖掘

情绪清单

　　有时候，我没有足够的精力来完成自己的日常写作。我感到痛苦不堪又不知所措，觉得要写的东西很多，但又毫无头绪。所以我提出了一些问题作为写作提示。随着时间的推移，我逐渐意识到，定期回答这些问题，是一个非常好的评估自己情绪的方法，也是找出困扰自己根源的好办法。最开始我这样做是出于保持心理健康的原因，但很快我就意识到，这对我的写作有好处，因为它温和地迫使我与自己建立起一种真实的关系。

　　纯粹而积极的思考对我来说从来都不起作用。我曾试着忽略自己不喜欢的一切，希望它们都消失，但我必须承认自己所遇到的问题，因为如果我不这样做，它就会在我的内心发酵。一旦不好的东西从我身上消除，我就可以进入一条积极的轨道，可以自由自在地欣赏世界上美好的事物。回答这些问题似乎让我接受了一个事实：生活可以是艰难的，也可以是美好的。

　　我的治疗师朋友克莱尔说，我们所有的情绪都是有意义的，我们不应该忽视那些更具挑战性的情绪。我们的情绪为自己提

生活，写下来吧！

供了参考信息，这些信息关乎我们是如何受到世界的影响的；倾听情绪的反馈也很有帮助，即使这很不舒服。不过，把情绪储存起来并随身携带可不是个好主意！我们不想从悲观的角度来看待问题，也不想重复讲述自己的沮丧故事。真正让我们受益的，是对当前发生的事情保持诚实。我们的目标是与自己的感受共处，而不是评判；是去探索什么是真实的，并尊重自己的经验。

这是个大工程。我们可能已经从自己所处的文化中吸收了一些信息，比如说，愤怒是不好的、不淑女的表现；悲伤是软弱的、没有男子气概的表现。我发现定期回答这些问题有助于自己仔细剖析其他问题。

那就试试吧。你可能会有有趣的发现。例如，我已经意识到，比起愤怒，我更喜欢悲伤。你不必回答所有的情绪，也许你还想表达其他情绪。我个人倾向于回答这些问题，而不是像晨间日记那样漫无目的地写作。当我开始感到不安和烦躁，当我想知道自己为什么睡不着，或者当我心情很糟糕的时候，这些问题往往会给我答案。正是我们的秘密致使自己生病，而忽视自己的秘密，则会让我们感到痛苦，我们这是在给未来埋下隐患。当我感到平静、快乐的时候，我就不做这项工作了。记住，当你第一次回答这些问题的时候，你可能会积攒下很多内容。如果你坚持下去，一切都会变得井然有序，更易管理。

我的设想是先把废话说出来，然后让自己的思维转向更加积极的思路。

这是情绪清单：

你为什么难过？

你在害怕什么？

你为什么生气？

你嫉妒什么？

你感激什么？

你期待什么？

这是最近的一项创新，是鼓励人们做白日梦的最后一个问题：

……不是很好吗？

每天醒来都保持清醒的状态不是很好吗？

欣赏自己的作品不是很好吗？

生活，写下来吧！

如果我能停止咬指甲不是很好吗？

如果我下一本书能顺利地、愉快地出版，不是很好吗？

如果我选择不再担心XXX，不是很好吗？

第二部分：挖掘

冰山一角

你可能会说，等一下，这是不是有点自我放纵呢？我不是应该更努力地工作吗？我不需要制定一个计划吗？我不指望有人阅读这些关于自己情绪的废话，不是吗？我们什么时候开始讲故事？

相信我，你的语言是打开自己大门的钥匙。你需要把所有这些想法都忘掉，然后提笔写作。如果你想明确自己的写作是有意义的，那就把它想象成一座冰山。欧内斯特·海明威有一个理论，他认为写出来的故事应该只是冰山的一角，而作者必须了解冰山的全貌。我觉得这是一个非常棒的想法，适用于回忆录的写作。我们需要深入地了解自己，但这并不意味着所有的细节都要呈现在纸面上。我曾试着描述冰山的一个角，但是我失败了。我需要把大量的内容像冰山上的雪花那样积压在一起，再把顶端截取出来，写成一个故事。随后我得思考读者们将如何去阅读这个故事，体验这个故事。这就是为什么线性写作的方法对我来说并不适用，所谓的线性写作就是从第一句开始，一直写到最后一句。为什么我不能做出整体的规划呢？因为一开始我也不知道故事的核心主题是什么，所以我不能按照顺序写下来。

根据我的经验，对于那些没有创作经验的作者来说，最大的拦路虎是我们总是低估了一个项目台前幕后的工作量，也不清楚有多少最终不会被呈现在读者面前，但在整个写作过程中至关重要的工作。不要低估自己，你是一个泉源。在我的生活中，有时我难以创作，因为我觉得自己微不足道，我无法想象有人会对我准备要说的东西感兴趣。现在我希望我有自己的作品可以回顾。我想了解过去自己在哈罗德吸烟室的情况，当时我在 15 分钟的休息时间里抽了两根烟。我后悔在怀孕、分娩以及自己的第一本书出版时没有写下一些文字。我甚至希望在脱欧、特朗普执政以及新冠疫情期间我能践行得更加彻底，多记录下一些文字。我现在想回顾自己当时的想法。

所以，不要担心这些涂鸦不会立即带来好处，也不要因为觉得自己不够有趣而认为自己无法完成。我敢打赌，20 世纪 50 年代，那个住在亚拉巴马州蒙哥马利的十几岁黑人少女，并不认为自己值得注意，但我很想详细地了解她在蒙哥马利巴士抵制运

动 [1] 期间的感受。我相信我的爱尔兰祖母没有想到，她在一贫如洗的条件下抚养九个孩子的生活，对他人来说会有如此广泛的吸引力，我很想听听她在当铺排队时的想法。

1. 蒙哥马利巴士抵制运动（Montgomery Bus Boycott）是美国民权运动史上的一座里程碑。始于 1955 年年底，持续了一年左右的蒙哥马利巴士抵制运动展现了非裔美国人以及支持民权运动的其他美国人反抗种族隔离与社会不平等的决心与毅力。

生活，写下来吧！

身体感官写作

描写棺材，而不是描写悲伤。

——吉姆·克雷斯（Jim Crace）

如果你看了上一节的最后一段，我说我很想知道蒙哥马利那个年轻女孩的感想，也想知道我的祖母是怎么想的；我确实很想知道，但只有当她们描述自己生活的世界，而不是描述自己的思想和感受时，才能让我迅速地身临其境。

当我们开始思考如何以一种引人入胜的方式来写作时，我们是想探索如何写出有质感、有深度的内容，这样我们就可以营造出一种时间、地点和环境相交织的感觉。有个不难做到的表达方式，那就是不要告诉我们你个人的想法和感受，而是分享你见到的、听到的、尝到的、摸到的以及闻到的。

正如吉姆·克雷斯所说，描写棺材，而不是描述悲伤，这是关于写作唯一且最有用的技术建议。我把它铭记在心，我所做的每一件事都让我从抽象走向具体。

那么，让我告诉你，我第一次面对死亡的经历。那是在我九岁那年，我的祖父去世了。

版本 1

爷爷去世了，我们都很难过，但在灵车到来之前，我不确定自己是否已经完全明白这种感觉。随后我感到悲伤，一直回忆着他为我做过的所有美好的事情。我真的很爱他，因为他很有趣。

版本 2

那辆黑色的大轿车停在屋外，我看到车后面有一个长长的木箱。大人们都陷入了沉默。妈妈握着我的手，直到那时我才彻底明白爷爷已经去世了，他再也不会给我们讲故事，再也不会带我们去钓鱼了。

如果你看了这两个版本，可能第二个版本会更吸引你。为什么？因为它更具感官性，我们拥有视觉、听觉和触觉。第二个版本也更具体：我们已经从"有趣"转向"故事"和"钓鱼"。我把"灵车"改成了"黑色的大轿车"，这样更符合孩子的视角。

生活，写下来吧！

我们现在正处于汽车停在房子旁边的那个时刻，而不是在被告知这件事的几年之后。

如果我想多写一写，我不会谈论诸如当时我多大，爷爷几岁，那是哪一年，以及爷爷去世的原因等等，但我会记住大量的细节。比如，妈妈和姐姐没有穿黑色的衣服，但其他年长的女性都穿了，我被帕姆阿姨衬衫上的亮片给迷住了。爷爷的一个姐姐告诉我，爷爷以前总是看不起我，以致我一想到满头灰白头发的爷爷，穿着蓝色条纹的套头衫，站在角落里看着我，我就感到浑身不安。

很多关于写作的技巧都是学习如何引导读者进入真实世界，而不仅仅是让他们了解你内心的独白。这种做法通常被称作"展示而非讲述"，这和调动各种感觉器官，将细节描写出来有关系。

你可以像观看没有画外音的电影一样，试着在脑海中播放一个场景。这可能会帮助你关注外部世界，而不是头脑中的东西。

现在就开始吧！告诉我你的死亡初体验，或者你可以选择其他的主题。信笔写下几句话，写完之后看看自己都写了些什么，看看有没有哪些地方可以更具体地运用感官。

小心一点。你不会想要一份这样的流水账："我坐在咖啡馆的窗边，看着潮起潮落。我能闻到空气中海藻的味道。我一边捧着泡沫咖啡来温暖自己冰冷的手，一边听着卡布奇诺咖啡机在隆隆作响，一想到自己很快就能吃到店里免费赠送的马卡龙，我的口水就流了下来……"这么写可能有点太过分了！

探索你的感觉

找一个让你感到安全的地方，坐下来或躺下来。先做几次深呼吸，然后一个接一个地专注于你的感官。躺在床上或靠在椅子上，你的身体感觉如何？你听到了什么？车流声？鸟鸣声？别人家电视的嗡嗡声？你能品尝到什么？是你最后吃的东西的味道吗？咖啡味？牙膏味？你能闻到什么？你自己的味道？你的香水味？你所在房间的味道？你看到了什么？闭上眼睛，但要留意你眼睑上光线的变化。你能同时探索多种感觉吗？你能察觉到自己脚部的感觉、窗外的声音和嘴里的味道吗？

从家里开始做这种探索，然后，在保证安全的前提下，外出时继续延伸你的感官。我喜欢在跑完步、气喘吁吁的时候来做这件事，我能清楚地察觉到怦怦的心跳声、急促的呼吸声，感受到腿部令人愉悦的疼痛。在自然中或者自家的花园里进行感觉探索，是一件非常棒的事情。我在火车上、公共汽车上、地铁上、美术馆、图书馆和各种长凳上都做过这种探索。这是一种正念练习，它不仅能让你感觉良好，还能让你进入自己的感官，让你注意到周围正在发生的事情，让你通过眼睛和耳朵的细致感受，勾起你关于过去的记忆，并把它们记录下来。

细节是帮助你打开其他世界大门的钥匙。

生活，写下来吧！

开采黄金

让我们来收集一些细节，以便更准确地掌握情况。接下来我将建议你做一系列的练习。我在创作第一本书的过程中没有用上它们，因为我曾经认为，只要自己足够优秀，才华横溢，就不需要为了愚蠢的练习而烦恼。现在我知道写作源于灵感，而做这些练习是获取灵感的最佳途径。我建议你从五分钟的计时器开始。在后续的练习中，你可能会觉得不再需要计时器，但在这五分钟的练习时间之内，千万不要埋头苦干，也不要进行编辑。你的成果应该是快速而粗糙的，而非深思熟虑、措辞文雅的。

真正有效的方法是绘制一张思维导图或一份清单，然后将其中一部分内容用作另一张导图或清单的主题。

让我们从一张思维导图开始。先设置好计时器，再用思维导图画出重要的地点。接着选择其中一个地点作为主题，进行另一份导图的创作。

我的位置可能是：

兰纳、庞萨努斯、卡尔顿、斯奈思、卢普顿公寓、德尔夫巷、亨斯莱特、法国、罗瑟利斯、小罗素街、罗素广场、纽约、巴伦斯法院、芬伯勒路、帕森斯格林、奇斯威克、法尔茅斯。

随后我选择了法国：

我的一居室公寓、超市、有黑衣老妇人的洗衣店、语言学校里我们常去的那家可以打牌的有咖啡机的小餐馆、共和国广场、从墙上伸出床的查理公寓、有坦克的海滩、贴有"欢迎我们的解放者"标语的咖啡馆、海边那家玻璃缸里放着龙虾的餐馆、蹦极跳台、我的法式邮箱。垃圾槽——垃圾小路——查理的车，听着 Alliance Ethink[1]、埃德温·柯林斯[2]和弗朗西斯·卡布雷[3]的歌。游乐场。青少年们向保罗·杨[4]挥舞着打火机。板球比赛。将樱桃核

1.Alliance Ethink，一个法国的嘻哈组合，在 20 世纪 90 年代中后期脱颖而出，很受欢迎。
2. 埃德温·柯林斯（Edwyn Collins, 1959—），苏格兰音乐家、制作人，曾是后朋克乐队 Orange Juice 的主唱。
3. 弗朗西斯·卡布雷（Francis Cabrel, 1953—），法国歌手，被认为是有史以来最有影响力的法国音乐家之一。
4. 保罗·杨（Paul Young, 1947—），英国音乐家、歌手，20 世纪 80 年代英国年轻人的偶像。

生活，写下来吧！

吐出窗外，感觉就像伊莎多拉·温[1]。

看看有多少好的细节？如果我试着写一些关于法国的感言，我可能仍然会陷入解释自己为什么会在那里的困境里。

试着整理一份清单，让我们播放《荒岛唱片》[2]。列出对你来说重要的歌曲。你喜欢多少首歌都行。我不是要在这里寻找悠扬的曲调，也不是要找到你最喜欢的那首歌，我所追求的是它们对你的意义。你第一次在学校舞厅里接吻时播放的那首歌。你父亲离开的那个夏天里，你母亲一直在唱的那首歌。在你最好朋友的葬礼上唱的赞美诗。把它们一一列出来，然后翻转计时器，写下这些歌曲播放时发生的事情[3]：

Dear Lord and Father of Mankind（亲爱的上帝和人类之父）

Abide With Me（与我同在）

True（真实）

Queen Bitch（婊子皇后）

---

1. 伊莎多拉·温，小说《怕飞》（Fear of flying）一书的主人公，该书由美国作家埃丽卡·容（Erica Jong）撰写，探索了女性在性欲中的迷失与寻找，引起了巨大的社会反响。
2.《荒岛唱片》（Desert Island Discs），英国广播公司（BBC）一档经典的音乐聊天节目。
3. 为方便读者查询歌单中的曲目，此处列出原歌名，译名附其后。

The Wild Rover（狂野的流浪者）

Sally MacLennane（莎莉·麦克伦纳）

Common People（普通人）

Girl from Mars（来自火星的女孩）

The Day We Caught the Train（我们赶上火车的那天）

Bohemian Like You（像你一样的波希米亚人）

斯潘道芭蕾舞团的"真相"：

当时我们去马恩岛郊游。迪斯科舞会被安排在最后一晚，当最后一首歌响起的时候，所有的女孩和男孩面对面排成一排，男孩们把手扶在我们的腰上，我们把手搭在他们的肩膀上。我不记得这是谁提议或编排的，不过我更关心谁和谁最终会成为搭档。我苦恼于无法摆脱那个同年级男生的纠缠。他有点矮。我更想跟其他人一起跳舞，但当歌曲结束的时候，他冷不丁拉低我的头，我没能及时躲开，他把他的嘴唇猛地贴到我的嘴唇上，还咬了咬我的脸。晚点儿我们回到旅馆后，他有个朋友代表他来约我出去。我拒绝了。当时我穿着一条粉色短裤和一件粉色条纹 T 恤。

下面是一份主题清单。你可以从中选取一部分，或者自己再想一些，然后创作一张导图或清单，接着再根据它们进行自由写作。你可以把它们描述得更加具体：学校里的人，我驻扎过的地方，或者我儿时的礼物。你也可以用相反的词语来形容它，比如：我恨过的人，我爱过的人。

人物

物品

房屋

衣服

礼物

餐食

伤害

你可以在列清单或绘制思维导图的时候做一些注释：

礼物：

《绿山墙的安妮》礼盒套装。

J的妈妈送给我奇怪的泰迪熊毛巾，她说："我知道你非常喜欢小熊。"实际上我并不喜欢。

第二部分：挖掘

A 和 B 送的芙拉[1]皮包。这份礼物大方得让人吃惊。让我觉得自己像个成年人。当时我在哈罗德[2]工作，我们必须把所有私人物品都装进一个透明的袋子里，这样管理者才能看清楚我们有没有偷东西。背着这个漂亮而时髦的皮包让我感觉很特别。它是黑色的，拉链后面有红色的侧口袋。我不知道那个包后来怎么样了。

我和约翰旅行结束之后，他送给我一副无线耳机。结果证明这副耳机在隔离期间非常重要。

在 M 发生事故之后的第一个生日，爸爸妈妈给我的钱。我很庆幸他们没有试图庆祝我的生日。

英巴尔送给我的金继[3]书签。

克里斯托送的《如何弹奏尤克里里》。

乔送的灯塔。

埃丝特送的章鱼。

马特送的装在心形盒子里的贝壳香皂。

你看，当我们开始思考物品背后的故事时，一连串事物引起

---

1. 芙拉（Furla），意大利一个经营皮革制品的品牌。
2. 哈罗德（Harrods），英国一家老牌百货公司，拥有 180 多年历史。
3. 金继（kintsugi），日本一种用金丝来修复破损瓷器的技术，作用与锔瓷相似。

共鸣的速度是多么地快？送礼者确实比礼物本身更加重要，这也是显而易见的。

从物品汲取灵感的方式有很多。如果你的房子发生火灾，你会把什么抢救出来？想一想你会把哪三样东西捐献给时间胶囊[1]？想象一下你有撒克逊战士或埃及法老的信仰，为了在来世有所依靠，你会选择什么样的陪葬品？

你能列出在自己生命中不同时期的物品吗？尝试绘制一张思维导图，把"七岁、十七岁、五十七岁、七十七岁的我"写在中间，然后记住你发现了什么珍贵的东西。

下面是另一个列表：

酒精

电影

购物

饮食

运动

阅读

性别

---

1. 时间胶囊（Time Capsule），当代文物史料储放器，用于收藏具有时代特征的物品。

儿童

小狗

圣诞节

探索上面的其中一个，或者选择其中一个跟你的人物清单结合起来。

爸爸和购物：

我爸爸直到现在还是很不喜欢去商店，他小时候老是饿得前胸贴后背，姐姐们经常让他去偷牛奶。她们觉得他年龄最小，不会受到太过严厉的惩罚。尽管他从未被抓到过，但他内心一直很焦虑，他担心人们以为他在做坏事。最近我们在谈及摆脱贫困的耻辱是多么困难的时候，他才将此事告诉我。我以前一直不知道为什么他在商店里很紧张，总是试图避开商店，现在我知道原因了。

还有一些提示：

当我年轻的时候……

我们家从来没有说过……

生活，写下来吧！

我总是有点害怕……

我记得的第一件事是……

如果你在某个特定时期写了关于自己的文章，那么这些练习可以帮助你在情感上穿越时空。如果你有自己当时的照片，那么把它们挂到墙上，试着记住年轻时你对事物的看法，这是一件值得做的事情。那个年龄的你喜欢什么？害怕什么？最喜欢的人是谁？最珍贵的财产是什么？

我们现在要做的是刺激记忆，让过去的瞬间涌现出来。一旦你有了一些想法，就只管动笔进行探索，别带有其他目的。为什么会有这些记忆？为什么会有这样的事情？如果你经常这样做，你会惊讶于自己所挖掘到的东西。

是什么东西在你脑中挥之不去？我们之所以能记住东西，是有原因的，所以不用太担心自己没有完整的记忆，用你所有的感官，把你的精力投入到自己所知道的细节里。

第二部分：挖掘

引火物

　　到目前为止，我们一直在挖掘自己，在绘制思维导图、在做练习、在进行自由写作。我很累，但很享受教学的成果。当作家们开始自主探索的时候，我很荣幸能主持这些课程。天气很冷，我们开办写作课程的小屋里，三根大圆木躺在壁炉中间，阴燃着但没有明火。我看着我的朋友詹妮站起来说："我需要更多的引火物。"随后她带回来一个装满小木块的金属桶。她把小木块排列好，接着跪在火堆前吹气。经过反复的吹气和拨弄，火焰点燃了大圆木，房间里充满了温暖和光明。我放松了下来，我想到写作是多么需要引火物啊！为了让我们故事的大圆木燃烧起来，我们需要搜集引火物，并对着它们吹气。如果我们努力做到这一点，那么很快就会燃起熊熊大火。

　　回到家里，我和学员尼古拉斯交谈。他试图弄清楚自己的生活，他想知道自己目睹父亲欺负母亲的经历会如何影响他在恋爱中的行为。话到了嘴边，他却由于自我厌恶和羞耻而欲言又止。他经常向我道歉，并且难以理解我为何会乐于跟他待在一起。他迫切地希望把这一切都写下来，但同时又忧虑自己必须立即掌握这个项目的来龙去脉：项目将如何开始，如何结束，题目是什么，读者在哪里。他非常害怕出错，他正在辛苦地忍受结构上的混乱。我们聊了一个小时，他写下了一个新的准备探索的场景列表。他说我正在为他的工作输送氧气。"我很高兴，"我说，"尽量给它充足的燃烧空间，不要立即用怀疑、绝望和逻辑的安全毯来熄灭这些苗头。"

第二部分：挖掘

声音

单从字面意思来看，声音就是从你嘴里发出来的声音。但在书本里，它意味着写作的个性与存在。声音既简单又深刻。你需要做的是关注自己真实的声音。不过，这说起来容易做起来难，因为我们的想法经常会被认为是有问题的，我们也经常觉得自己做得还不够好，或是觉得自己总是遇到麻烦。

当我长大后，人们会说"她总是以自我为中心"，会说"你怎么了，你是吞下一整本字典了吗？"也会说："你太犀利了，你会伤到自己的。"还会说："读书不会帮你找到丈夫的。"几年之后，我意识到这些声音阻碍了我前进，每次我坐下来写作，我都在接受那些批评。

恐惧是阻止我们寻找声音的罪魁祸首。当我明白发生了什么，我可以把它写下来，那么它对我的影响将会大打折扣。是什么阻止你成为完整的自己，阻止你接近真实的声音？

人们经常会把自己绊倒，因为他们认为自己应该听起来像个"作家"。于是，他们使用更长、更优美的词，但是写作的关键在于你要懂得这是你自己的故事，我们希望听到你自己的声音。不要因为想着成为某个人而耗尽精力，做你自己就好。

我已经到了想要欣赏自己声音的地步，这是我对与我共事的每一个人的期望，其中也包括你，我亲爱的作家。想象一下！想象你找到自己的声音并喜欢它的那个情景！

我们来做个热身。我会给你一些提示，让你的声音更柔和一些。我唯一的目的只是想让你发出自己的声音，尽可能诚实地根据这些句子继续往下写。不要担心自己的遭遇或者他人的想法。要把自己纷繁杂乱的高光时刻写到纸上。你可能想花一个小时甚至更多时间来研究这些内容。如果可以的话，先去散散步。我喜欢带着笔记本出门，不带手机，只带上足够喝一杯咖啡的钱，别的什么都不带。

我出生于……

我记得的第一件事是……

小时候，我……

我父母……

已经发生的最重要的事情是……

学校是……

我真的很讨厌……

第二部分：挖掘

关于成长，最美好之处在于……

我最好的朋友是……

我爱上了……

我 10 岁、16 岁、18 岁的生日是……

当我难过的时候，我……

工作经常让我觉得……

我永远不会原谅……

我做过最有趣的事情是……

我将永远感激……

我希望……

当我临终时，我希望自己能记得……

如果我能穿越时空，我想对年轻的自己说……

我想讲述自己的故事是因为……

阻碍我的，是害怕……

对我有帮助的，是……

当我做了这件事，我会觉得……

生活，写下来吧！

难听的噪音

你喜欢大喊大叫吗？这是我从我的朋友凯特那里学来的。她是一名歌手，我们在一次活动中相识，当时我们两人都不得不进行一次 15 分钟的发言。我谈到了《爱的最后一幕》，以及那个故事深深烙印在我心里的那些年，我谈论自己如何挖掘它、驯服它，在把它写到纸上之后终于获得了解脱。她谈论的是她失声的经历，以及她是如何重新找回声音的。

结束之后我和凯特攀谈了一会儿，我们立刻决定成为朋友。我们一致决定她来教我唱歌，我来帮她写一些比一首歌更长的内容。我们都希望对方能展示各自专业上的东西。我想从她那里了解横膈膜，她认为我会纠正她的语法。我们俩都惊讶地发现，我们主要做的都是给予对方认可。我想大声地说出来：唱歌练习对我的写作非常有用！

凯特说，唱歌就是张开嘴哼唱。那么，你就试试吧，哼唱起来，感受你嘴唇的颤动。现在张开你的嘴巴。看，你现在就在唱歌。

接下来，我们将通过发出各种各样的声音来打开你的嗓音，你不必在意它们听起来是否好听。我要你做的就是发出一系列的噪音。它们会扭曲你的脸。或呻吟，或咆哮，或叽里咕噜。不要想着保持礼貌、得体或者讨人欢喜。你可以哭哭啼啼，也可以絮絮叨叨。如果你能找到一个地方做这件事，那就尽情地咆哮，大喊大叫，尽可能发出最难听的声音。

这太令人兴奋了！和其他人一起做这件事真是太棒了！但是，如果你能找到一个不会惊扰到别人、能单独使用的空间也很好。我发现在海边就很不错，因为大海本身会发出很多噪音，置身于大自然中也会对你有所帮助。如果你不想被人听到，或者你自己也不想听到，那你可以把音乐调到最大声。

大声叫喊是摆脱沮丧的好方法，我发现这么做还能释放自己对于最糟糕事情的恐惧，我最惧怕的是自己会写下一些不堪卒读的句子，或者暴露自己对外部世界来说其实并没有什么吸引力的事实。凯特让我明白，把哼曲子或唱歌作为写作前的热身都是很不错的选择。现在，我一陷入困境，就会发出各种难听的声音来释放自己的情绪。

消极的自我对话

当我们想着为自己的项目寻找到合适的声音时，让我们也花点时间来确保自己在说话的时候不会破坏自己的完整性。当我听到有人说自己是在"喋喋不休""唠唠叨叨"或"胡说八道"的时候，我的心都碎了。有一次，我听到一位女士做了一次很好的发言，然后她说："我的废话够多了。"一位才华横溢的作家让观众听得痴醉入迷、意犹未尽，最后却说："我知道我总是在胡扯。"让我们达成共识吧，不要对自己所说的或所写的内容使用轻蔑的语言。

我们能不能别再自找麻烦了？我们经常以一种从未对别人使用过的方式来和自己交谈。要小心自我批评，如果你在责备自己，要温和地让自己停下来。前段时间我因为一个项目没有取得更大的进展而感到难过，我对自己说："我太笨了，太懒了。"现在我逐渐有能力注意到这种情绪，能够停下来并思考这么做对自己并不公平。我要停止自暴自弃！我还有很多要做的工作和其他要履行的义务。我注意到了自己的挫败感，我将它转化为我渴望继续努力的动力。下周我会制定一个新的计划，给予这个项目更多的关注和精力。

书信练习

留意自己与不同的对象交流时措辞的变化，这是一个练习表达的好方法。我喜欢书信集。我最喜欢的书之一，是我的朋友尼娜·斯蒂比写的《爱，尼娜》(*Love, Nina*)，这本书汇集了尼娜写给她姐姐维克的信，当时尼娜刚搬到伦敦，找了一份保姆的工作。尼娜没有考虑写作的技巧，也没有刻意去营造时间、地点和环境，但她做得非常出色，因为她是一个有吸引力且注重细节的人，也因为维克是她想要铭记的姐姐，所以她付出了很多努力。

在西尔维亚·普拉斯[1]的《回家的信》中，我们看到了她给母亲的信件，其中她展示了自己认为母亲想要看到的样子，而她的日记则为我们展示了另一个不同的版本。这些信件的力量并没有减弱，即便它们可能并不是完全诚实的。它们吐露着亲子关系的复杂性，以及其中的爱和义务。

---

1. 西尔维亚·普拉斯（Sylvia Plath, 1932—1963），美国著名女诗人，小说家。

生活，写下来吧！

让我们现在就开始吧。想想你最近生活中的一幕。写一些你以前从没写过的东西，它不一定非得是充满戏剧性的。

写完之后，让我们进行几次改写：

把它改成日记

把它变成写给我的信

把它变成给朋友或父母的信

把它变成写给孩子的信

把它变成给你刚爱上的人的信

把它变成写给一位老教师的信

随着对象的不同，注意你语气的变化。你是否会改变细节，使表达更符合你的年龄？你想要保护或表现自己吗？你想给对方留下深刻印象吗？

现在给时间胶囊写一封信，这封信要等数千年之后被外星人发现时，才会被阅读。试着进行深入的挖掘。

如果你需要一些提示："如果我真的要说出我生活的真相，我会说……"

写完之后你可能会想把它烧掉。

给你从未原谅过的人写封信。

给一个你可望而不可即的人写封信。比如你想象中的父母、情人或孩子。

给去世的人写一封信。告诉他们，没有他们的陪伴，你过得怎么样。

给过去的自己写封信：

亲爱的 17 岁的凯西，马蒂出事前一晚

　　呜呜，你就要被大浪打翻了，我的宝贝。我不会骗你的，那太难以应付了。有时你会觉得自己快要被淹死了。但我保证，你总能很快地浮出水面。如果此刻你的世界充满痛苦，那么你的未来将充满欢乐。你可以去感受，去寻找。你将明白痛苦和快乐是如何紧密地交织在一起的。你就要接受折磨人的高级课程了。记得善待你自己。你可以做到的。你经常会以为自己做不到，但你有这个能力。把这些都写下来。你现在已经很久没有动笔了，你要明白越早提笔，对你帮助越大。

　　爱你。

生活，写下来吧！

亲爱的24岁的凯西，马蒂的葬礼

今天是马蒂的葬礼，你希望自己也随他而去。你装出一副勇敢的样子，在酒吧里主持守灵。你感到无能为力。你以为自己尝过所有的眼泪，知道所有的苦痛，但这是一次全新的体验。你觉得自己快要支撑不住了。你可以去跳河，不过你不必这么做，因为你的心脏可能会在血腥而混乱的情况下爆炸。我最亲近的人，我的爱人，我必须告诉你一件重要的事情，情况确实有所好转。将来你会如释重负，不再凭着这些感觉行事。你现在需要做的就是停止思考。去躺一会儿吧。要知道这是你生命中最重要的日子之一。现如今你已经下了一番苦功夫，吸取了惨痛的教训。生活总是既残酷又美好，虽然你现在看不到这些，但有很多美好的东西在等着你。我向你保证，在未来你会很庆幸自己还活着。

爱你。

亲爱的47岁的凯西，2020年1月

好吧，我又来了。亲爱的，另一波浪潮即将到来，但这是冲着每个人来的，而不仅仅是针对你一个人。他们在新闻中谈论的那场大流行[1]将成为一件大事。在这期间，你可以花一个星期的时间边打哆嗦边吃冰激凌，但是你也会记住当生活不如意时，自己从中学到了什么。没错，你将有能力去思考，生活的大刀已经落下，我所知道的生活已不再适合我，但我可以专注于如何利用自己已拥有的东西。你不会太郁郁寡欢，不会为失去机会而憔悴，但会对自己所拥有的心存感激，并在这段时间里保持稳定，为他人提供支持。你已经准备好了。你可以做到。记住，总有一些东西需要学习。生活不是商店或水疗中心，而是一种学习体验。在这一年里，你可能会被疫情附带的伤害搞得晕头转向，但你可以告诉自己现在正在大浪中穿梭，并通过寻找一些值得感激的小事坚持下去。当你上床睡觉的时候，你会躺在那里想"好吧，我今天学到了很多关于做人的东西"，这就足以帮你渡过难关了。

我只不过是走在你的前头而已，其实我并不能展望未来，但我相信未来仍会充满希望，我们也会因为能够参

---

1. 大流行（Pandemic）指新冠疫情全球大流行。

生活，写下来吧！

与其中而高兴。

　　爱你。

　　这都是些令人紧张的事情。深呼吸。出去散散步。照顾好你自己。

两个真相和一个谎言

"两个真相和一个谎言"是依托于声音（Voice）来开展的有趣游戏。

通过三个"我"来对自己进行描述，其中只有两个符合事实。这是我的描述：

> 我嫁给了一个荷兰的邮票交易商。
>
> 我弹钢琴是为了放松。
>
> 有一次我在新奥尔良的狂欢节上喝得酩酊大醉，以至于第二天照镜子的时候，我才惊讶地发现自己的脸被画上了闪闪发光的漩涡。

试一试，然后继续往下写。你不必局限于三个身份。

这里还有更多的描述，有些是我自己写的，有些是我从工作坊里收集来的。

我以前和一个叫布莱恩的男人结过婚。

我在 13 岁之前一直很擅长跳远。

我有六个手指。

我过去总把"二"说成"饿"。

我不太喜欢狗，但我从不告诉养狗的朋友们。

我宁愿跟我不太喜欢的人在一起，也不愿独自一人。

我曾在六岁时患上麻疹，还差点因此而死。

我父亲是一位著名的林波舞[1]演员。

我希望自己有更多的孩子。

有一次我被关在博物馆里过夜。

我过去不喜欢素食，但现在我是素食主义者。

我奶奶是一位德国人。

我曾经因为打赌而吃了一颗柠檬。

我曾经是一个默默无闻的修女。

我是空手道黑带。

我出生在世界的另一边。

给自己列一个长长的清单。这既是拥有"我"的过程，也是

1.林波舞（Limbo），西印度群岛上的一种舞蹈，舞者向后弯腰钻过一次比一次降低的横杆。

思考你与真相之间的关系的过程。如果你想从中获得更多的乐趣，你可以设置一个 5 分钟的计时器，从你自己或上面的列表中选出一项，并把它当作自由写作的提示。

生活，写下来吧！

回忆录与真相

> 我就是如此，我已作出声明：时而卑鄙，令人讨厌；时而慷慨，让人赞叹。
>
> ——让－雅克·卢梭（Jean-Jacques Rousseau）

在回忆录中思考真相，具有道德、伦理、哲学和技术等多方面的意义。如果你是为自己而写，那么你不必为此事操心，可一旦你拥有了读者，那确实需要考虑一下回忆录中所涉及的真人真事。

在思考真相以及回忆录作者的义务和责任时，我想起那句我们在法庭上必须宣誓的誓言，思考这句誓言令人振奋，令人愉快。

我承诺说出真相，全部真相，除了真相什么都不说。

我们必须遵守承诺吗？让我们把这句话拆开来看一下。

真相： 关于真相，我们需要注意到真相是主观的。如果你把某件事描述为真实的故事，那么你应该尽力做到最好。

全部真相：绝非如此。无论如何，这是不可能的。我们的目标不是成为厨房的洗碗槽，不是所有带着油污的锅碗瓢盆都要一股脑地丢进来。我读过的很多早期的文稿，包括我自己创作的，都包含了太多的内容、太多的事实、太多的信息、太多的人物。你不需要把每件事情都和盘托出，你可以详细诉说其中的一部分。

除了真相什么都不说：我认为你应该朝着这个方向努力。不要说谎。不要试图美化以前的自己，也不要丑化。奥利弗·克伦威尔[1]要求给他画肖像的画家如实地把他脸上的疣画出来。这是一个好的方向。

你要诚实地为未来的自己而写作。我的书里没有谎言，对于这一点，我真的很高兴，但这并不意味着我分享了一切，其实我略去了很多。原因很复杂，从不想让读者厌烦，到想要保护他人，再到想要守护自己的秘密。不过，我没有说过谎，对此我感到非常欣慰。

马特就读的第一所学校的墙上贴了一张海报，它鼓励孩子们在说话之前先思考，并检查自己所要说的内容是否真实、有用、

1.奥利弗·克伦威尔（Oliver Cromwell，1599—1658），英国政治家、军事家、宗教领袖。

有趣、必要、善良。这可能是一个过高的标准，但这是一个有趣的思想实验。

你必须自己考虑其中的道德因素。我已经把自己的想法告诉了你，但也应该让你知道，在这些问题上，我是最谨慎的。我晚上的睡眠很浅，任何我认为不光彩的行为都会破坏我的平静，因此不值得我去这么做。我知道不少作家比我灵活得多，所以你不必服从于我的做法。

至于技术方面的问题，你要记住自己是在讲故事，而不是编写警察报告。想想什么是回忆录，对你来说可能是有帮助的。这不是一本完整的自传。你并不是要把一切都记录下来。回忆录是生活的一部分或者一个方面，甚至只是一个观察生活的镜头。你所追求的是本质的真相，而不是字面上的真相；是故事的精神和核心，而不仅仅是事实和日期。字面上的真相可能会成为讲述的阻碍，我们可能会陷入阐述和解释的泥沼，会拘执于谁对谁说了什么，飞机是什么时候到的，二表哥吉姆在葬礼上说了些什么，他与桑德拉姨妈究竟是什么关系，以及为什么他一开始就被邀请。除非二表哥与这个故事息息相关，不然我们并不需要知道关于他的事迹。

从很多方面来说，回忆录是一个魔术。一篇好的回忆录会让人误以为这是真实的生活，但它其实不是真实的。如果你想写一本自己的回忆录，了解一些技巧真的很有帮助。我现在回想自己早期的创作，很多尝试都失败了，因为我不理解叙事的运作方式。我试图把生活中纷繁杂乱的高光时刻都堆到一页纸上，结果就是一团糟。一旦我放弃了捕捉字面上的真相，我便走上了正轨。

生活，写下来吧！

回忆录如何异于现实生活？

最重要的是不要对自己撒谎。一个人对自己撒谎，听自己的谎言，到了某个地步，他就无法分辨自己内部的或外部的真相，因此失去了对自己以及对他人的所有尊重。

——陀思妥耶夫斯基

回忆录中的人物数量比现实生活中少，情节线索也比较简单，它所包含的内容通常都是有意义的。在现实生活中，如果我忘了带钥匙，那就返回家里，拿上钥匙，继续自己的一天。在回忆录中，如果我告诉你某个故事，那就意味着我即将揭露一些东西。若要了解这一点，可以想象自己在火车上给陌生人讲故事，或隔着栅栏给自己的邻居讲故事。注意你将从何处开始，何处停止，留意你在编辑的时候决定关注哪些元素。在你开始讲故事之前，你不会觉得需要把自己的一切告诉给听众。

我喜欢把回忆录看作是经过编辑的精彩片段。回忆录是"英超当日集锦[1]"版的生活，你肯定不想让自己的读者坐在那里看到的只有平局。不仅仅是精彩的进球，你可能还得算上球从你两腿之间穿过（即穿裆过人）的瞬间，以及你对裁判发脾气而被罚下场的时间。不过你不需要算上所有上下场的过程，也不需要让我们看到刚刚冲完澡的你。

记住，你是在讲一个故事。你不是在：

编写严谨的报告。

创作一部纪录片。

成为完美主义者。

展示你的简历。

就生活事件对你的影响，给你的治疗师提意见。

算账——如果我觉得回忆录有复仇的目的，我总是感觉不舒服。

致敬——这是致谢部分才做的事儿。

改变世界或帮助他人——你所做的多少跟这有关系，但先讲一个好故事，你就能最有效地做到这一点。

---

1. 英超当日集锦（Match of the Day），英国广播公司（BBC）的一档老牌节目。

生活，写下来吧！

是什么成就了一个优秀的故事讲述者？

你的常规任务是认真听讲。有些人对所有事情都抱有兴趣。还有一些人，他们可能经历过一些有趣的事情，但他们却会把自己的有趣经历讲成无聊的故事。对我来说，在父母的酒吧工作，就像是给我上了一堂叙事大师课：因为有些人会让我一整天都充满活力，而另一些人则会让我在看到他们进门时就心情低落。他们不必一直笑个不停。我最喜欢那些安安静静的顾客。让我心烦意乱的是无聊。那些表现得像是在帮我忙的男人们，反复给我讲那些我已经听腻了的无聊故事，那些故事的主旨不在于娱乐他人或提供信息，而是向酒吧里的其他人展示他们自己有多么重要、多么强大。

因此，请仔细倾听你生活中的人：家人、同事、邻居。是什么让一个人成为一个优秀的讲述者？你可能会发现他们提供了足够的背景，让你知道发生了什么，但不会使你沉浸在信息之中。请注意，如若有人把故事讲得支离破碎，偏离主线，填充了很多不必要的背景，那一定很乏味，比如："好吧，那是周二。不，事实上，那是周三，因为垃圾清运工刚来过，而且有个新手没有按照我喜欢的方式把垃圾箱放回原处，我想着出去看看情况。我们这儿最近不是一直在下雨吗？所以我就冒着雨跑到了外面。我听到电话铃响了，于是就跑进去接电话，不过大多数认识我的人都打我的手机，所以我觉得这可能是一个推销电话，这时格雷厄姆提醒我要小心被骗，但我还是拿起电话，电话那头是卡罗琳，她告诉我她听说邮局对面的房子已经卖出去了。"

笑话你越解释，它就越不好笑，回忆录写作也一样。你必须尝试向读者提供他们进入故事所需的信息，但要以一种有机的方式。让一个角色向另一个角色解释事情的来龙去脉是一个不错的方式，因为读者的角色就像目击者或窃听者一样，但也要注意以一种巧妙的方式去讲述，这样才不会感觉像是在转述信息。

我爸爸是一个出色的讲述者，顺便说一句，他对真相的态度非常平和，只要能让故事的列车顺利运行，他觉得给轮子上点润滑油也未尝不可；但当我试着给他录音时，他变得有意识，开始像一个"受过教育的人"那样说话。他失去了力量，我们无法获得高质量的内容。如果我再试一次，我会更专注于让他放松，确保他知道我想要的是真实的他。亲爱的作家，我想要的是真实的你。你到底想说什么？你会怎么说？

生活，写下来吧！

写作的零部件

我们不打算在这本书当中讲太多技术性的东西，但在开始写一篇较长的文章之前，你可能想做一些决定。这些是基本原则。如果你想更具实验性，你可以随时忽略它们。如果这部分让你感到厌烦或不快，那就跳过它，去做你喜欢的事。

人称

我用第一人称写下这句话，以及这本书的大部分内容。偶尔我会用第二人称，我会说："你不要太担心这一切。如果事情是自然发生的，那就这么做吧！"有时我会用第一人称复数。这种处理是经验之谈："希望这能让我们感觉到我们在一起，我们都站在同一阵营。"说回第一人称，我不想让自己看起来像是在说教。一般情况下，第一人称对于回忆录的写作来说是非常好的，除非你有强烈的欲望想要去尝试其他的叙述角度，否则我建议你从它开始。

时态

"我正在床上写作，因为外面很冷，而且我喜欢这样做。"

"我曾在床上写作，当时外面很冷，而且我喜欢这样做。"

写作最重要的是前后一致，不要换来换去。你可以从现在时态开始写，再回到过去。

"我正在床上写着字，突然听到信箱发出了声响。我一看到苏菲的笔迹，就仿佛回到了20世纪90年代，回到了自己在卢普顿公寓第一次见到她的时候。我想，她当时是……我们曾见过……我们做过……"

尽量不要随意转变时态。

视角

我建议你不要试图在回忆录里从别人的角度来讲故事，要从你的角度向我们讲述这个故事，把重点放在你当时知道的东西上面，而不是别人告诉你的，或你后来才了解到的东西。这很难处理，因为你既是本书的叙述者，也是故事的主角。你现在很聪明，什么都知道，但你也是从回忆录中那个17岁的人成长而来的。我们需要做的是站在年轻人的立场，从她的角度叙述当时发生了什么事情，而不是做一个事后诸葛亮，根据我们现在所知道的，或者我们的治疗师向我们解释过的内容来叙事。

生活，写下来吧！

尽量不要在做这些决定的时候陷入困境。我花了几年时间来重写一部小说的第一章，那也是那部小说唯一的一章，我把它从过去时改成现在时，又改回过去时，别的什么事儿也没做。时态很难调整，所以如果你能在一开始就决定用什么时态来写，你未来的工作会轻松很多。帮助你做出决定的最佳方式就是读回忆录。阅读前几页，看看作者在做什么。他们是从现在开始，然后再回到过去，还是全部都从现在开始？他们如何平衡自己作为作者和主人公的两种角色？想想他们怎么做的也会对你有帮助。

对决八爪鱼

如果我能把自己脑子里的想法写在纸上，我会非常棒……写不出来一半是因为慵懒怠惰，一半是由于不善言辞。

——诺埃尔·加拉赫（Noel Gallagher）

我们到底是如何奋力把自己书写到纸上的？我们的思绪和想法是如此丰富、如此混乱，我们看不到自己是如何把混乱的生活装进一个有秩序的框架的。我们经常有讲故事的冲动，但也常常困惑要讲的故事究竟是什么。这真的不应该让我们感到惊讶。生活并不是一个流畅的叙事，而是充满了虚幻的希望、错误的转弯、迂回的道路以及僵持的局面。

我经常遇到一些人，他们把一个故事藏在心里太久，以至于我几乎可以看到故事都快从他们身上爆发出来了。因为他们的故事体量太庞杂，难以变成有意义的句子，所以他们茫然无措，什么都做不了。有些人知道他们想写什么，另一些人则不然。有些人认为自己知道自己的写作主题是什么，可后来却发现找错了方向。"哦！"他们说，"我本来想写一篇关于我在中国生活的文章，但在研讨会之后，我意识到这些内容其实都跟我五岁时父母是如何分开的密切相关。"

不知道该写些什么的最大问题在于，它总是阻止我们进行写作。我们需要学会忍受无的放矢所带来的不适，这样我们才能把全部想法都记下来。我们必须把一切都释放出来，最终我们才能把它们召唤回来。

我们开始写回忆录的时候会疑惑，为何所有自己读过的书都有意义，而我们自己的故事却毫无意义。作者创作的顺序可能与我们阅读的顺序并不同，创作的过程中有大量的稿本，在编辑、文字编辑和校对员的努力之下，最终才使这些内容进入到被我们阅读的环节，明白这一点是非常重要的。

一本已经完成的书是一维的。即使书的结构充满了探索的可能性，我们也会从一个词看到下一个词，从前一页读到下一页。但我们在输出多维思想和概念的过程中，需要一个不同的空间和时间的概念。它更像是在一块巨大的画布上分层作画，或者像是完成一个拼图，建造一座房屋。当我想象一条八爪鱼长着非常多触手的时候，我感到很舒服，有的触手比其他触手更臃肿，有的则比其他触手更长。

我一直以来都想写书，但总是写写停停，直到 42 岁时我终于完成了《爱的最后一幕》。选择放弃的自己和完成创作的自己之间的一个显著区别是，后者已经学会将写作视为一个驯服的过程。我的脑袋里有很多想法，我周围的空间不断涌现出各种灵感和情绪。这是一个万花筒式的动画游戏，有点像拼拼图或下国际象棋，不过这个游戏没有规则，其中的意义往往在视线之外闪烁。一想到要直接从空白纸上写出一篇几千个字、顺序正确的文章，就很让人不知所措。

这就是思维导图的作用。它让我有机会把我如同八爪鱼般的思想呈现出来。当我捕捉到自己的心事后，我就可以着手利用它们来做点什么了。

让我们开始角斗吧。在你的稿纸中间写下"我的生活故事"，然后把所有出现的事件和事件的前因后果都记下来。

我的驯服过程

我的第一本书《爱的最后一幕》，主要是关于我的哥哥，书中讲述了发生在他身上的事情。我的第二本书《心痛手册》，是关于我如何应对悲伤和抑郁的思考。书中有一些回忆录，但主要是一本自助书，而不是一个故事。我的第三本书《亲爱的读者》，是一本关于阅读的舒适和乐趣的书单式回忆录，它与前两本书有点重叠，但写作的角度不同。我的第四本书《每个人都还活着》，是一本关于现代生活的焦虑以及婚姻和生育的深层次的现实小说，我在书中挖掘了自己的经历，不过在某种程度上超出了我们在这里思考的范围。你现在读到的这本书是另一个变体，这本书是我利用自己的写作经验来帮助你进行写作。这本书比其他任何一本书都更直接地关注读者，也就是你。在我所有的书中，交流的冲动是一种驱动力，读者的存在让我充满活力。我所有的工作都源于这样一种愿望：从一次经历中总结经验，把自己作为参照和反思的样本。这听起来是有意为之，不是吗？我一开始并不这么认为。我没有写下要探索的主题清单，然后再进行研究。我是在回顾的时候才看到具体的指令，由此理解自己所做的事情。

我曾经采访过乔安娜·特罗洛普[1]女士，她给我留下了深刻的印象。她说，在她创作当前这部小说的时候有很多想法，这些想法像飞机一样在她头顶上空盘旋。当她准备好了，她抬起头来，想："好吧，现在我要让你们降落了。"我向她坦陈，我羡慕她的平静和沉着，如果我把自己所有的想法想象成飞机，那么它们会相互碰撞，我会被坠落地燃烧着的碎片击中。然而，随着时间推

---

1. 乔安娜·特罗洛普（Joanna Trollope, 1943— ），英国当代畅销小说作者。

移，我已经学会将这种方式融入我的思维当中，我墙上关于灵感的思维导图让我觉得自己学到了她的一些智慧。

现在，我要你回顾自己，回顾自己的思维导图。你可能有很多主题。你可能有一整座图书馆，图书馆里到处都是书。但目前所有这些对你来说都没有意义，你要稳住。

什么最适合你？你想把自己的想法想象成盘旋的飞机吗？还是像触手一样在蠕动？如果你觉得八爪鱼有点不友好，你可以试着把自己的思绪想象成不同颜色的风筝，它们在天空中飞舞。你可以把这个画出来，允许自己尽情地玩耍，你可以突然跳起来，抓起一只风筝的引线，把它往自己的方向拉扯。这就是你提前放飞的风筝。

所以，选一个你想要重点关注的想法，然后花 5 分钟的时间来练习：

> 我想写关于……
>
> 我想探索……
>
> 我还是不明白……
>
> 我想，读者会学到……
>
> 最后，我希望我会……

生活，写下来吧！

一旦你选定了主题，就可以把它写到另一张纸的中央，进而开始另一张思维导图的绘制。紧接着从你联想的内容中挑选出一个片段，把它改写成一个场景，以"我记得当时……"为开头写下来。

你可以先通过自由写作的方式完成初稿，再进行检查。阐述和戏剧化之间的平衡是什么？你能补充一些细节吗？你能更多地调动自己的感官吗？你怎么把读者带到自己建造的房间里来呢？这时你可以试着去掉那行用于提示的文字。现在你拥有了一个场景。在此基础上继续努力，继续思考。你投入的时间和精力越多，就越有意义。

六字故事

这里有一个简单但却很深刻的小游戏，可以帮助你展开角斗。试着用六个字来讲述你的故事。

我曾经写过这样一句话："我哥哥他死了。"

后来有一天，在教学的时候，我意识到我可以把它改成："我儿子还活着！"

在告诉马特这个游戏时，他说我给《亲爱的读者》写的六字故事是："我极其喜欢书。"我把《亲爱的读者》这本书归纳为两句话："生活不易，开卷有益。"

《心痛手册》可以是:"生活虽苦亦甜"或"坚持是值得的"。

你的六字故事将会是什么呢? 给你五分钟,尽你所能,写得越多越好。

生活,写下来吧!

标题游戏

这个方法能帮助你思考自己写作的主题，而且如果你还没有开始动笔的话，它也能为你的写作带来非常积极的影响。看看这些标题，照着它们的思路来创作你的故事。

《故园风雨后》（*Brideshead Revisited*）

《我的天才女友》（*My Brilliant Friend*）

《我和梅姬》（*Maggie and Me*）

《戴头饰的男孩》（*The Boy with the Topknot*）

《恋情的终结》（*The End of the Affair*）

《追爱》（*The Pursuit of Love*）

《普罗旺斯的一年》（*A Year in Provence*）

《爱尔兰叛军的自白》（*Confessions of an Irish Rebel*）

凯西为《爱的最后一幕》准备的备选标题：

斯奈思的重访

我聪明的哥哥

我和马修

从未醒来的男孩

妹妹身份的落幕

追求不是很糟糕的体验

在诺曼底的一年

一位悲痛的妹妹的自白

凯西为《亲爱的读者》准备的备选标题：

重温阅读

我漂亮的书架

我与阅读

背着书包的女孩

本章的结尾（尽管这不太管用，但我喜欢它的声音）

对生活的追求

生活，写下来吧！

在哈罗德的一年，在法国的一年

专业读者的自白

你可以凭着自己的想法去做。在一家摆满回忆录的书店里进行，或者在阅读周日报刊的评论时进行，这是一个很棒的游戏。与畅销书列表上的所有书名一起玩耍，想象有一天你的作品会跻身其中。

是否制订计划？

意图是能力的结果。在你尝试着去做之前，你不知道自己在做什么。随着产能的增加，雄心也在滋长。但是，当要把工作写在纸上时，你只能一字一句地、一行一行地工作。

——希拉里·曼特尔（Hilary Mantel）

有一些罕见的普通人，比如我的朋友基特·德·瓦尔和帕特里克·盖尔，他们会先计划好整本书，但不会动笔，直到掌握故事发展的脉络之后才开始写作。我不能这么做。即使我拥有所有的事实，但在我完成创作之前，我也不知道自己想写什么。我绝对不会把制定计划看作是乏味或缺乏创造性的表现。我希望自己能够制定一个计划，可惜我只能看到眼前的几步路。有时我已经知道结局，或者可能对后面的故事有一个成熟的想法，但我不知道自己将如何到达终点。我和玛吉·奥法雷尔[1]在一起，她说，对她而言，写作就像置身于暴风雪之中。她必须四处摸索，相信自己会找到出路。

1.玛吉·奥法雷尔(Maggie O'Farrell, 1972—)，英国小说家，代表作《哈姆内特》(*Hamnet*)。

第二部分：挖掘

储物箱与旅行

写作就像晚上在大雾中开车。尽管你目力所及只是车头灯能照射到的地方，但你可以通过这种方式完成整个旅程。

——多克托罗（E. L. Doctorow）

我曾经采访过 TED 演讲的策划人克里斯·安德森，他说，演讲者往往需要一些帮助来塑造他们的演讲。他们刚来的时候，想法都装在箱子里，他们需要把自己的想法转化为一场旅行。我喜欢这个比喻！在写作的早期阶段，我会把自己的内容填满一整个箱子，然后把它们重新建构成一段旅程，以供其他人阅读。我明白，在我知道箱子里装了些什么之前，我无法策划一场旅行。来到目前这一步是很有趣的。在一个项目开始的时候，我会想着"我只需要摆好一个垃圾箱，在纸上写字，再把它们折成纸飞机，让它们飞到垃圾箱里去，最后再打开箱子看看自己拥有什么。"到目前为止，我只是打个比方，但我想尝试一下。

是否进行编辑？

我们一动笔就掉进一个很大的圈套，这个圈套就是我们得对自己书写的内容进行编辑。哦，我有无穷的欲望去写第一句话，第一段，第一章！

为什么进行编辑不是个好主意？因为写作是一个有机的过程，我们绝不能低估事情在写作过程中发生的变化。你最终版本的第一章，可能会是一些目前尚未发生的事情，或者你还没回忆起来的事情，或者你尚未将其纳入自己正在探索的核心范围。因此，继续完善自己目前拥有的东西是没有意义的。这就像是在你还没爬上楼梯之前，就先把正门擦得锃亮。我知道你也不想执着于此，不想如此热爱写作，不想惊骇于放弃所有努力的想法，以致自己不能足够清醒地看到，用另一种方式写作会让自己过得更好。扑克牌桌上有句俗语，你不应该嫁给自己的手，也就是说，不应该太过于热衷自己手里的牌，以至于你对它们失去了判断。这也适用于写作。

你可以一人分饰作家和编辑两种角色，这很有帮助。作家这个角色富有想象力，热衷玩耍。编辑则性格鲜明，固执己见，喜欢指出作家所犯的一切错误。

饰演编辑的你会说：这根本说不通。你的语法糟糕透顶。这可不是什么创见。你不应该做点儿别的事吗？是什么让你觉得自己有话要说？难道以前没人说过这样的话，而且比你说得更好吗？

重要的是不要被自己创造力的光辉本质给吓倒，以致太快进入编辑角色。你需要担任编辑一角，但还没到那一步！你现在需要做的是容忍内容不够清晰，容忍自己对项目的渴望与脑海中无数想法之间的差距。在此之后，你才可以破除思想上的大坝，让自己的想法自由流动。一开始，这项工作可能是脆弱而娇嫩的，不要让你的嫩芽暴露在如烈日一般的关注之下，即使是你自己的目光。

我饰演的作家很脆弱，她会在意别人的看法，会想着创造一些好东西。如果写在纸上的内容让她感到不耐烦或羞愧，她会绝望地搁笔，放弃写作。禁止她在最初阶段考虑质量问题能帮助我继续走下去。对于孩子，你应该赞美他的努力，而不是他的智力，这就是我对创作时的自己所做的事。我称赞她能坐在椅子上写作。其他什么都不重要。我禁止任何有关文字质量的讨论和猜测。我会让编辑的戏份出现得晚一点儿，现在我们只需要尽情地玩儿，自由地在纸上游弋，然后写下一些词句。

生活，写下来吧！

协议

现在，我想建议你和你自己达成一项协议。

焦虑是一种临界情绪。它会让我们停下来思考是哪个地方让我觉得不舒服，我们可以借机检查自己已写的内容，并决定是继续往下写，还是重新调整思路。与此相反，过度焦虑会让我们总是卡在瓶颈处，踌躇不前。让自己摆脱这种僵持状态的方法，就是跟自己签订一份协议。

我建议你做出如下决定：我要写自己的故事，但除非我愿意，否则我永远不需要向任何人展示。

达成这个协议，意味着你从恐惧中解脱了出来，可以深入到创造的私人天地当中。

第二部分：挖掘

读者之死：另一种思考方式

通常情况下，我会在创作初稿的过程中故意忘记外部世界，但创作这本书教给了我另一种选择。这都是因为你，我亲爱的作家。我发现，不要去想象一个难伺候、爱挑刺、会挖苦的读者是非常重要的事，因为那样的读者让我很紧张。我能做的是想象一个理想的读者。在写作这本书的时候我非常清楚，我有你这样一个友好、聪明、有抱负、爱工作的读者。这种想法帮了我很大的忙，在这个过程中，我感受到的孤独比其他任何人都要少。

那么，理想读者是什么样的呢？对我来说，那不是一个真实的人，而是一个虚构的令人愉悦的存在，他激励着我，让我触碰到最真实的自己。他肯定是啦啦队的队长，而不是军士长，但他不怕提出尖锐的问题或者质疑一切毫无意义的事情。你的理想读者会是谁？他们可能看起来对你的作品很感兴趣，看得很投入，也希望能听到更多的故事。他们喜欢你的样子。他们可能希望你进行更深入的挖掘，做一些更诚实的工作，但他们不希望你认为自己做得还不够。他们想要的不是最好的你，而是最真实的你，他们不在乎是否存在缺点。他们关心你，鼓励你。当你在写作的战壕里浴血奋战，变得肮脏甚至血迹斑斑的时候，他们会与你并肩。你从战壕爬上来的时候，他们会欢呼雀跃。他们等着你的故事。他们就是你可以试着拥有的理想读者。

第二部分：挖掘

向初稿进发

所有的初稿都很糟糕。

——欧内斯特·海明威（Ernest Hemingway）

我将为你提供两种创作初稿的途径。

挖掘性初稿

就写作的基本原则来说，初稿要做的只是把内容写下来。我们只需要把所有的烦恼放在一边，把内容写到纸上。它不必按正确的顺序进行，我们也绝对不允许自己去评判自己所写的东西是好是坏。你唯一要做的就是把它写出来。正如我酒吧里的顾客常说的那样，当一个人喝多了或者生病了，吐出来总比憋着舒服。你可以将挖掘视为反刍。如果你愿意的话，你可以称其为吐槽之稿，或者零号草稿。在这个阶段，坚决降低我们对自己的期望真的很有帮助。

生活，写下来吧！

决定从哪里开始写，甚至都不是初稿应该考虑的问题。行文是否流畅同样也不是。如果你能用同样的时态来写，那么编辑起来就更容易，尽管这并不是初稿要考虑的问题。你可能想试着做些改变，也可能就任其自然。你需要反刍要写的内容。如果我们不把东西写出来，它就会被困住。你要明白，你可以如实地写下一些内容而不必逃避。重要之处在于要真正地捕捉到它。喝酒之所以对我如此有害，是因为我在清醒时不会谈论任何问题，一旦我喝醉了，就会跟任何一个愿意倾听的人无休止地交谈。喝醉这件事本身意味着我并不是真的在处理事情，只是在兜圈子而已。同样地，在我接受过的一些治疗之中，我感觉自己在无休止地重复同样的东西，但却没有取得真正的进展。然而，写作确实为我们提供了一个制伏心魔的可能性，我们可以把它们拽出来，让其在纸上现出原形。它们藏在你身上的什么地方？我的心魔们在我的肚子里跳舞。每一个阴暗的秘密，每一个令我感到羞耻的行为，每一种恐惧都在肚子里翻涌，无法摆脱。

记住，你需要把心魔暴露出来，但你不需要将它分享出去。我出版的每一本书都有一个由数千个单词组成的影子双胞胎，它们最终都被我放在了编辑室的地板上。

不要担心浪费。只有在反刍的过程中，你才能明确重点在哪里。你可以用没用上的部分来开展其他的创作。你可以瞥见自己未来的书的雏形。这一切都将成为冰山的一部分，你会从冰山上凿出一角，变成自己的故事。

初稿只是你讲给自己听的故事。

——特里·普拉切特（Terry Pratchett）

从主题到场景

如果你想要更多的指导，看到更清晰的轮廓，那么就试试这个方法。

带上你人生故事的思维导图。如果你觉得它捕捉到了你想要涵盖的内容，那就按着这个思路往下写，你也可以重新再绘制一张，在稿纸中间写下："我的书是关于……"

现在我们换个角度来看，你刚刚写下来的内容可能充斥着不同的主题或对事件的详细描述。我想让你做的是把所有的事件都改写成至少一个生动的场景。所以，如果你曾写下"纽约"，你可能会再加上一句："和移民局的官员争论，他们认为我在纽约没有住的地方。"

以下是我的主题列表和一些可能出现的场景。

马蒂的事故：跪在路上、在教堂祈祷、亲戚的房间……

生活，写下来吧！

教育："对于一个上过综合中学[1]的人来说，她不是已经说得很好了吗？"

搬到康沃尔：躺在被书环绕的地板上，和尼娜一起散步……

封锁：居家散步、种植玫瑰、山茶花似的冠状病毒、在海滩上哭泣……

现在，回顾一下你的场景，把它们按时间顺序进行排列。是不是像变魔术一样？将这些内容作为初稿的基础。写下那些场景。不要担心是否详尽无遗。你可以稍后再添加更多内容。比起直接面对空白，这种做法能够给你提供更多的指导。

我所有的书都是用第一种方式写的，但我在教学的过程中发明了第二种方式，这种方式也给我的学员提供了很多帮助，因为这种做法能让作者直接投入到写作当中，而把读者留在了现实世界，这样就能够避免让自己陷入解释和内心独白的泥潭中。

如果我真的想再写一本回忆录的话，我会很想试着用上这种方法。我觉得这会节省不少时间，不过我仍然认为心怀全貌，了解整座冰山是很有必要的。

---

1. 综合中学（comprehensive），英国为各种资质的学生设立的学校。

为"硬骨头"作注释

写作的时候勇敢一点。勇敢地面对自己最害怕谈论的事情，那是你必须去谈论的事情。你身上有太多的悲伤和欢乐，它们需要一个声音来诉说。当你把自己非常害怕的事情说出来时，你会惊讶地看到，世界上会有很多人对你说："嘿，我也是这么想的。谢谢你表达了我的感受。"

——尼基塔·吉尔（Nikita Gill）

我经常遇到那种想讲述自己的故事、却又不愿意讲出来的人。他们被召唤来表达自己，但他们想忽略或掩盖真正困难和痛苦的那部分。罗斯与母亲的关系很疏远，她想写关于自由的体验，但不想写为什么她与母亲的关系如此压抑。米歇尔想写逃离的喜悦，但不想提及她那个施暴的伴侣。她们都觉得自己在这些人身上浪费的时间够多了，也许会让读者感到无聊或不安。在这种情况下，我对她们怀有深深的同情，因为我自己也处于类似的境况，但我确实认为只有看清自己以前的生活（如果你是为了被阅读而写作的话），自由和恢复才有意义。在叙事方面，我们需要对比。

不要担心会让读者沮丧。我们必须找到光明和阴影。我们往往希望自己的作品看起来充满希望，而且很幽默，但在项目一开始，通常不太可能有这个效果。我做梦也想不到人们会觉得《爱的最后一幕》既励志又有趣，但他们确实是这么认为的。然而，如果我一开始的目标是写得既励志又有趣，那我就无法做到这一点。这本已经完成的书的存在方式，不同于我创作它的方式。我把它写得乱七八糟的，后来通过编辑，把它变成了现在的样子。我不可能用其他的方式来创作它，因为很多非常难写的东西很早就出现了。我可以写我哥哥马蒂被车撞倒的那天晚上以及在那之前几天发生的事情，但后来我发现很难追踪到希望被绝望侵蚀的过程。我哥哥去世了八年，我仍无法面对这件事。我不希望自己处于这种状态，我希望自己能够围绕这件事进行写作。我把媒体报道、医疗报告、母亲日记的摘录都吸收进来了。我想这样就足够了，但当我编辑这些内容的时候，我发现还远远不够。

我卡住了。我对我的朋友莎拉说："我觉得自己完成不了了。我希望那八年并不存在。我希望自己没有目睹过这些事。我希望自己当时没有活下来。"

第二部分：挖掘

她说："也许你可以把它看成是为了那八年遣词造句，看成是放下过去的办法，也许这就是你需要做的事，虽然很难。"

所以，我做到了。我仍然非常感激我做到了。现在，我已经接受了那段时间，并把那些事件作为我个人经历的一部分，而不是试图压制或放逐它们，我确实感觉更好，也更能与自己达成和解。这次写作成为我接受自己作为一个完整的人不可或缺的一部分，这个人走过了一条艰难的道路，但幸存了下来。

这就是我想让罗斯和米歇尔做的事情，也是为什么我温柔而恭敬地敦促她们把痛苦写到纸上，你越诚实，就越能审视自我，就能有越多转变。记住，你不必分享自己所写的东西。这只是挖掘阶段。你不会把这些东西都放到读者面前。这样做对于任何一件令人痛苦的事情，都会有很大帮助，你可以以后再决定如何编辑，但现在要为了自己深入挖掘。

一个令人惊讶的好处是，那些隐藏在我们体内的、被认为是非常可怕的东西，一旦放置于体外，接受阳光的照射，看起来就不会那么糟糕了。此外，它也会诱捕其他更甜蜜、更轻松的记忆，所以你很可能会对那些从自己最黑暗、最可耻的秘密当中挖掘出来的内容感到惊讶。

生活，写下来吧！

仁爱和怜悯

她爱我是因为我经历了危险，我爱她是因为她同情我的经历。

——威廉·莎士比亚

你可以试着像奥赛罗和苔丝狄蒙娜[1]那样爱自己。她珍视他的经历，而他珍视她的同情心。写困难的事情需要勇气，但也可能会带来回报，因为意识的提升往往会缓和我们与自己、他人的关系，并最终放下心里的包袱，以富有同情心的友好态度来看待自己，这可能是一种极大的解脱和释放。

当《爱的最后一幕》的创作进入尾声的时候，我偶然发现了"金继"这个词。这是一种修补破损陶瓷的技艺，如果你有一个破碎的瓷器，你可以用黄金来修补它，这样一来，受损的经历

1.奥赛罗和苔丝狄蒙娜，是威廉·莎士比亚《奥赛罗》（*Othello*）中的主人公。

成了这个瓷器自身的历史中固有的、有价值的一部分，而不是被抹去和隐藏。对于写作和生活来说，这是一个美丽而有益的隐喻。

生活，写下来吧！

一份工作提案

提案是经纪人用来将你的书推销给出版商的东西。在你开始起草草案之前，提案可能会很有用，能成为你的一个向导。不要担心有人在现阶段看到了这个提案。这只是为了你自己，回首往事会很有趣。提案只需要几页纸。写下你的工作提案，然后写一段你希望在草稿中探究的内容。你可以使用"对决八爪鱼"一节中的提示来帮助你。如果你有一个场景列表，就把它囊括进去。然后把它贴到笔记本上或者墙上。

我们蓄势待发。还有问题吗？

完成我的挖掘性初稿需要花多长时间？

只要你愿意，想花多长时间都可以。我的目标不是一次性写出一本完整的书。我倾向于说："我要每天写两个小时，从周一到周四，持续写一个月。"或者是："我想在九月之前写两万字。"要确保这些计划对你来说是可以实现的。我在写《爱的最后一幕》时所做的承诺是从八月到十二月，每个月写五千字，但是不必担心这些内容的顺序，也不必担心它们的优劣。我认识的其他作家，他们的目标是在一定时间内完成整件事，你可以试着找到属于自己的方式。

我怎么知道自己做得对不对？

你真的不需要知道。我认识一些作家，他们说，快乐的感觉是个好兆头，但作为衡量标准，对我来说并没有太大的效果。我已经学会去相信写作是一个神秘而神圣的过程，超出了我人类大脑的理解能力。我不需要把所有的精力都花在困惑上，我可以投降。只要我开始动笔写作，其余的问题就会自行解决。

我仍然觉得自己知道的还不够多

这才是真正的重点，通过写作找出你需要什么。对我来说就是如此。我从一个点出发，事件详情随即在我的脑海中浮现，并呈现在纸上。这种做法使我把写作想象成是在玩拼图游戏。我从大量的碎片开始，当我做得越多，就越能看到碎片拼合在一起的样子。

我真的觉得自己最好有个计划

好吧，那就制定一个。有些人在制定计划之后会工作得更好。如果计划不起作用，你可以随时回来试试本书提到的方法。

好的，我完成初稿了。接下来我该做什么？

我喜欢把稿子打印出来，用丝带绑起来，或者把它放在盒子里或抽屉里，然后让它至少呼吸一周，但不超过一个月。做完这些之后就庆祝一下吧！祝你玩得开心。庆祝仪式不一定非得搞得很隆重。我过去常常喝得醉醺醺的，但现在我选择跑步或游泳，或者带着家人去外面吃顿饭。在这期间我可能会睡懒觉，甚至整天躺在床上看书。我会关掉电脑，让自己的大脑休息一下。重要的是要尊重自己的努力，并保持庆祝模式。可爱的作家，你做到了。在日历上标出你什么时候回去开展后续的工作，然后尽可能地忘掉这个日期。做点别的事儿。写一篇短篇小说，读一本书，或者培养一种新的爱好。

如果我完成目标后不想停下来怎么办？

那就继续往下写！目标就像计时器一样。你必须做够五分钟，但你不必时间一到就停笔。如果你正处于停不下来的状态，那就一直坚持下去，直到你完成任务或者想休息。我从来没有一次性写完一本书，但也许你可以做到。去争取吧！

如果我把它放在抽屉里却还是一直有新的想法冒出来呢？

我会创建另一份文档，或者用一张大活页纸来捕捉所有浮现出来的想法。我不允许自己弄乱原作。我认为让书稿休息是很重要的。

如果我有了新想法呢？我能继续写吗？

当然可以。当我们驯服自己思考已久的故事，并将它们写出来时，无论场面多么混乱，我们也要为下一次创作腾出空间。所以放手去做吧，但不要勉强自己。我不会全速前进，如果感觉不错的话，我更乐意四处玩耍。除非真的感觉继续写是一种快乐，否则休息一下可能会更好。

祝你好运！

第二部分：挖掘

许下诺言

没错，时机成熟了！下面这些提示可能会帮你做好准备：

我想写这本书是因为……

阻碍我的是……

我的应对策略是……

我也可以试试……

现在我不会去想……

我将把重点放在……

我对完成工作的承诺是……

我和自己的约定是……

制定工作计划，我可以通过……

在我做好准备之前，有哪些实际的事情是我可以做到的？

有什么好玩的吗？

所以，明天或下周，我将要……

生活，写下来吧！

重温回忆录方程

你 + 你的经历 + 承诺 = 初稿

第三部分：制作与编辑

有趣的小物件

我总能从好奇的、好玩的，或者别的角度来看待自己的工作，这对我很有帮助。下面这些物件都是有可能在你的写作过程中刺激你的非写作因素。

播放列表

把你回忆录中涉及的所有歌曲都列出来。音乐有很强的感召力。我没办法听着歌写作，那样的话我容易分心，但是你可能跟我不一样。不过，在书中引用歌词的时候要谨慎，因为这可能会让你赔付一笔巨款！我经常发现自己的学员会大量地引用歌词，然后阐述他们对歌词的想法。可以用音乐来激发灵感，让你回望从前的自己，而不是花太多篇幅阐述音乐与歌词。

大事记

编写一份大事记，并为那些可能起作用或鼓舞人心的事情设立专栏，比如世界大事、体育比赛、音乐会，等等。这有助于你复核相关事件发生的时间和地点，也能够为你提供新的探索途径。

犯罪现场公告栏

你知道那些带有受害者照片和地图的侦探节目吗？我每本书都有一个犯罪现场公告栏。我称之为"把书放到墙上"，当我把书放到墙上之后，我已经学会了期待和享受把公告栏取下来的仪式，然后为新的内容腾出空间。

鞋盒

我为每本书都准备了一个盒子，用于收集当时我觉得有用的东西，即使我不知个中缘由。我把东西丢进到盒子里，偶尔拿出来检查一下，它总能引发一些新的想法，或者让我想起一些自己已经忘记的事情。

实地考察

去参观某个出现在你故事中的地方。在街上漫步，试着与从前的自己产生联结。看看你去过的所有地方。它们是改变了还是保持不变？你会如何向读者描述它们？这段旅程可能会在你的书中结束，也可能只是背景。如果你不能亲自前往，你可以在谷歌地图上进行探索。

给年轻时的自己买件礼物

我给 17 岁的自己买了一双紫色的马丁靴，我通过这种既有益又有爱的方式和她联系起来。你会给年轻的自己准备什么礼物？你当时喜欢的东西是什么？有没有你当时确实需要却没能得到的东西？

可视化

伯纳德·埃瓦里斯托[1]曾设想自己获得了国际布克奖[2]，后来她真的获奖了！可视化是一种强大的工具，它确实就像做白日梦一样。我倾向于不关注那些具体的成就，而是只关注完成工作这件事儿。我想象自己微笑着站在打印机旁边，看着自己的初稿从打印机里打印出来；或者想象自己按下发送键，把稿件发送给编辑。当我爬上床的时候，我想象自己在第二天早上煮好咖啡，端着马

---

1. 伯纳德·埃瓦里斯托（Bernardine Evaristo，1959—），英国小说家，凭借《女孩，女人，其他》（*Girl, Woman, Other*）获得 2019 年布克奖，是 1969 年以来第一位获得布克奖的黑人女性。
2. 国际布克奖（Booker Prize），又称布克国际文学奖，设立于 2005 年，是英国最负盛名的布克奖的补充，所有作品无论国别，只要作品以英文或被译为英文文本，均有资格获选。

克杯坐在书桌前，精力充沛，信心百倍。

制作一张情绪牌或愿望卡

收集电子的或纸质的图像，并将它们制作成拼贴画。你这样做可以是为了一本书，也可以只为你自己。我为自己创造了一个写作空间。那是一个美丽的地方，有许多小屋、林地、大海和灯塔。我意识到，与其浪费时间抱怨自己被困在家里，不如看着自己的愿望卡，让自己在精神的世界里四处徜徉。

设计你的图书封面

我喜欢在写作的最后阶段，看着设计好的封面，自己再设计一个图书封面。我会把设计好的封面贴到墙上，它会推动着我度过最后的阶段。你可以自己设计一个，在 A4 纸上简单地写下自己的名字和书名。也可以天马行空，发挥自己的奇思妙想。看看那些在封面上使用了照片的回忆录，你会为自己的书选择什么照片？

把你的书想象成电影

谁将会饰演你？为自己的回忆录挑选角色，是一件既有趣又刺激的事情。不过，这可能会暴露出你书中人物太多的问题……

带着你写作上的问题出去走走

出去的时候别带手机或书籍，只带上一杯咖啡的钱，漫无目的，四处转悠。

做些体力劳动

马上离开你的电脑，去粉刷一面墙，或者做些园艺工作。放松你的思想。

玩拼图

我不太清楚为什么当我遇到瓶颈的时候，玩拼图游戏对我来说真的很有帮助。看着支离破碎的拼图变得秩序井然，令我非常安心。当我看到两个大的板块拼合在一起时，那一刻真美好。大侦探赫尔克里·波洛用纸牌建造房屋的同时，也解开了一个谜团，或许我也能从中受益。和他一样，我也经常在拼拼图的过程中得到启示。

致谢

如果你的书出版了，你需要写一封感谢信。从现在就开始动笔吧！写这封信能帮助你想象自己的书已经完成的样子，同时也能帮助你感受自己所获得的支持。当你真的这么做的时候，它会很有帮助！

题词

题词，是作者写在整本书开头的引语，旨在总结本书的创作目的或主要内容，或是给即将发生的故事情节提供一些提示。留意那些你碰到的题词，把它们记到笔记本上或者贴到墙上。我一直想要引用玛雅·安吉洛[1]的话来做题词！但随着这本书的推进，我经常会改变主意。

---

1. 玛雅·安吉洛（Maya Angelou，1928—2014），美国作家、诗人，出版了六本自传、五本散文、数部诗集。

回顾

如果没有初稿，那就没有可以利用的内容。接受粗糙的稿本。它们可能是垃圾，但那也是属于你的垃圾。

——希伦·恩斯（Hiron Ennes）

现在是你回顾初稿的时候了。我亲爱的作家，我多么希望自己能坐在你身旁，跟你一起阅读你的书稿。

呼吸，深呼吸。你可能会既兴奋又恐惧。我在回顾草稿之前，就会陷入这样的状态，经常睡不着，一直咬手指头。我想起来一些可以帮助我摆脱焦虑的事情，例如做一些运动，给自己写一些加油鼓劲的话，就像这样：

你做得很棒！你已经进入到修改初稿的环节了。记住，修改初稿对大多数作家来说都很棘手，感觉有点像是面对一桌冷掉了的饭菜。你知道自己需要一定的距离，在重新进入正轨的时候可能需要走点儿弯路。花点时间重新熟悉自己。第一次阅读时不要拿笔，也不要进行任何编辑。要带着友善的目光去阅读它，了解它。不要太追求完美，也不要太苛刻。想象一下这不是你写的，而是一个你非常喜欢的人写的。

不要觉得"这真糟糕"，试着想想"这需要进一步提升"。你很可能会在得意和绝望之间游移。不过，自始至终，请保持放松。

如果你愿意的话，你可以在完成之后做一些笔记，但你可能还没做好准备。那么，出去散散步吧！接下来要完成的任务，难度之艰巨、规模之庞大，可能会让你感到恐慌，但请试着对自己即将学到的新东西感到兴奋，因为这是创作过程的一部分。

我们很难弄清楚如何缩小草稿和成书之间的差距。你可以保持冷静，可以朝着树林大声尖叫，也可以对着垫子拳打脚踢。但是不要再以为修改稿子是件很容易的事儿了，也不要怀疑自己没有足够的天赋。深呼吸！

当我重新面对自己的稿子时，我总是很惊慌。即使有时候我能发现其中很多的闪光点，也会因为不知道还有多少事情要做而感到茫然无措。小说的初稿让我畏惧，以致我又写了两本书之后，才鼓起勇气继续修订它。所以你要知道，这些干扰都是旅途中的一部分。我们要做的是充分相信这一点，这样我们才能以清晰的眼光看待这项工作，集中精力，让它变得更好。当我们让自

第三部分：制作与编辑

己平静下来的时候，我们的大脑就会重新开始工作。放松心态，冷静下来，再次回想自己制定的安排。现在你已经准备好进行编辑工作。你可以再给自己一个承诺。把第一行改成："我想编辑我的书，因为……"

下面是我为这本书所做的一些工作：

我想编辑这本书是因为……

我真的很想这么做。我知道有很多片段都非常不错。能把自己对于这个问题的所有想法都汇集起来，并让它更清晰，这让我非常开心。我希望它能够帮助其他人，给予他们力量。

阻碍我的是……

唉，和往常一样，我仍旧对文章的结构和内容的安排感到困惑。我担心自己没什么新鲜东西可说，担心自己写的内容与现实生活存在差距。一些琐碎的事情阻挡了我的脚步，比如如何正确地使用引号，如何达到技巧与风格的平衡，材料应该如何流动，我还想在开始编辑之前把这些问题都妥善处理掉。事情很杂，家务很多，学期已过半之类的日常事务也阻碍了我。

我处理这些事情的策略是……

好吧，创作其他作品的经历让我知道自己总是会产生这样的感觉，我只能在实践中找到答案。行动可以治愈恐惧。我需要提醒自己，困惑是通往知识的大门。我能把自己的困惑命名为好奇吗？我能提醒自己，我会在修改稿子的同时，学习并享受新事物吗？

我可能也会试着……

别太担心马特。这对我们俩都没有好处。

现在我不会去想……

我将抛开所有关于质量的担忧，以及所有对赞扬的渴望和对谴责的恐惧。

在项目的下一阶段，我将重点关注……

把我所有的东西编辑成线性的稿件。

我承诺……

从下周开始，我每天早上都会工作。

第三部分：制作与编辑

我和自己的约定是······

　　想做就做！不要想太多！把下一稿准备好。

我可以通过······把工作分成几部分来完成。

　　从现在到圣诞节，我决定并承诺根据周计划来开展工作。我会从周日下午开始，把下一周要做的事情完整地记录下来。

为了更好地完成目标，我能提前做些什么呢？

　　为了保证你在早晨不被打扰，重申一次，在中午之前不要收发邮件。前一天晚上，从手机或者电脑桌面上移除邮箱的图标，这样就不会看到它了。在计划表上写下自己每天要编辑两个小时稿件，做完之后打个钩。

还有什么好玩的吗？

　　我可以点一支新蜡烛。

所以，下周我要······

　　每天早上编辑我的书稿。

我感觉如何？

很好！我会对自己接下来的工作保持期待。我有很多话要说，一旦我再次出发，就会感觉良好，并能产生动力。

第三部分：制作与编辑

结构编辑

比起我笔下所写的，我更信赖编辑过的。

——杜鲁门·卡波特（Truman Capote）

听好了！如果我必须确定写回忆录需要什么的话，那就是：愿意以努力工作来包容困惑，愿意为了初稿而深入到所有黑暗的地方。接着是纪律和耐力，它们能让你克服很多困难，审视每一个场景，看它给整体增添了什么。你还需要具备为了故事和读者修改材料、调整内容的能力。这是件大事，需要深呼吸。

首先是寻找可能性。弗吉尼亚·伍尔夫谈到用自己的作品寻找"垃圾堆中的钻石"，这就是我在阅读草稿时试图寻找的东西。是什么在起作用？我还想要什么？有什么让我惊讶的吗？我能划出几个写得还不错的句子吗？我能把几个引语贴在墙上或笔记本上吗？我此时作为编辑的工作角色是正确的吗？是否应该调整一下？

还有很多东西我需要处理。这个挖掘性初稿的感觉像是一个非常混乱的建筑工地。到处都是成堆的砖块和脚手架，防水油布上还积聚着雨后形成的小水洼。很难想象它会成为我梦想中的美丽宅邸，但我必须立刻动手，把工作分门别类，因为如果我试图同时完成所有工作，那我会发疯。在对结构进行排序之前，我会忽略语言，因为在可能会调整的场景中编辑对话是没有意义的。当我休假之后重新开始工作，我会感到举步维艰，找不到自己的路，但我可以大致按照这个顺序来做。

内容

我想说的话都说了吗？我漏掉什么了吗？我可能有太多的触手，需要砍去其中的一部分，以此来增强剩下的那些。内容可能有很多重复，但我暂时忽略掉那些，忽略笨拙的措辞和错误的拼写。我还没来得及给正门做一些装饰，我仍在努力弄清楚如何使它成为一个实用的住所，我还在思考自己是否真的需要那个游泳池或露台。这个阶段对我来说是最漫长、最艰难的，我希望能把它外包给一个有不同想法的人。

措辞和语气

书中是否有太多侃侃而谈、高谈阔论的部分，或是对读者评头论足的内容？我写的内容听起来是否像是在参与竞选或会议？有一个教育公众的目标不是坏事，但除非你要写的是思辨类的书，否则更打动人心的永远是那些自然流露、不假修饰的内容。我的声音颤抖也许是因为我不确定自己想说什么。我总有一些音调不稳的部分，那是在灰暗日子写下的愤世嫉俗的内容。很好，我揭露了它们，但我不必分享它们。

分离

有些优点被其他部分给掩盖了。太多解释，太多高级词汇和花里胡哨的描述，太多人物，太多转折，太多情节。我是不是在用不同的方式重复同样的话？我需要摆脱什么？也许我想要的那个游泳池并不属于这里。我喜欢这些瓷砖上的图案，但不得不承认它与房子整体的装修风格不协调。我不会删除这些裁剪下来的片段，而是将它们保存起来，以备将来使用。基特·德·瓦尔[1]将这些内容称之为"天才的碎片"，让我们觉得自己在为将来非常迷人的避暑别墅储存惊喜。

---

1. 基特·德·瓦尔（Kit de Waal，1960—），英国作家，曾设立创意写作奖金支持工人群体的创作。

生活，写下来吧！

然后，然后，然后

之所以会觉得有些部分很枯燥，是因为我陷入了这样的陷阱：我需要成为一个完美主义者，读者需要了解一切。

解释和戏剧化之间的平衡

我可能会写下很多内心独白，很多背景故事，很多事实。我需要提醒自己，我是在写故事，而不是在写一份立案报告。我得思考哪些是不必要的，哪些需要变成一个场景，而不仅仅是陈述它。

我目睹的那件大事

我可能会写下一些慷慨激昂的文章，它们关乎社会的不公，或者我目睹的那件令人痛苦的事。我需要提醒自己，我不是在写"我的生活和时代，以及我曾经感兴趣的一切"，而是要把真正的主题放在首要位置。我在学员们早期的作品中看到了这一点：身边的同学突然去世了；偶然发现一位朋友被虐待了；遇到一位"9·11"事件的幸存者。如果这些内容与你要讲述的故事无关，那么你需要将它们转存到"天才的碎片"那个文件夹。

过多的日常生活

如果一本书主要是讲过去的事情，那么读者大部分的注意力都需要放在过去。我倾向于把自己的日常生活写进初稿里，然后删掉大部分类似日记的内容。比如：我正听着收音机，听到有人在谈论斯肯索普 [1]，我记得当时……

我们当然会受到周围环境的刺激，但当我编辑书稿时，我会删掉这些东西。我们不需要分享是什么让我们思考这件事，而是要关注事物本身。

太多文化性的引用

书籍、电视节目和歌曲中的引语，通常会激发我的想法。"你知道《老友记》里罗斯和瑞秋分手，钱德勒控制不住局面的那一段吗？我当时确实有这样的感觉……"或者"正如米歇尔·法柏 [2] 在《绛红雪白的花瓣》（*The Crimson Petal and the White*）中探索的那样，有创伤的东西是……"这里的问题在于如果你的读者不了解你所引用的内容，或者你引用得太多太杂，让人眼花缭乱，那么你很可能会与你的读者产生隔阂。你可以引用其中一部分，但大多数创作者都需要避免这种信息不对称的情况，我们要记住这些引用的内容很快就会过时。在适应自己声音的过程中，很大一部

---

1. 斯肯索普（Scunthorpe），英国一座小城市，位于英格兰东北部，行政上属于北林肯郡。
2. 米歇尔·法柏（Michel Faber, 1960—），英国小说家。

分工作是要信心十足地告诉读者你的想法，而不是别人的想法。

脚手架

有些东西可以帮助你完成草稿，但可以留到以后再发表。当我作为一个角色出现在我导师的回忆录里时，我感到非常荣幸。看到自己被呈现在纸上是一件很有趣的事情，我很高兴，但我总是建议他们把我删掉，因为我知道自己只是个脚手架。我很荣幸能够帮他们把一切都搞定了，但现在关于我的每个字都是多余的，他们需要进行一些剪辑。

关于写作的思考和写这本书的故事

我的初稿充斥着自我怀疑："我有什么资格认为自己有话要说？""我是一个多么卑鄙、多么悲惨的罪人啊！"还有写作时我的灵魂所经历的漫长而黑暗的夜晚。在成稿中，我几乎把这些都拿掉了，你也应该拿掉。不要在读者面前贬低自己。如果有人给你讲故事，你想让他时不时停下来说自己有多无聊吗？这不是很可怕吗？

防御

很多现代回忆录都带有一点防御性。你可以看出作者这样做是因为他们在假想有人在推特上跟他们吵架。我是一个非常讨人喜欢的完美主义者，但自从我深入研究这点并平息了自己吹毛求疵的需求之后，我更享受我的写作了。这些天我很庆幸自己没有得到所有人的青睐。这是非常危险的，因为如果我们试图取悦所有人，我们就会变得很平庸，如果我们害怕被评价，那我们就什么都不敢做。

治疗演讲

治疗对我来说有无穷的魅力，但当我在书上看到作者开始写治疗师对事件的解释或使用专业术语时，例如"我母亲是一个典型的自恋者，这就是为什么……"，即使是我也觉得很乏味，请用其他方式向我们展示内容。

咒骂

我喜欢咒骂，但如果你用得太多，咒骂的力量就会减弱。平时别总把"该死的""你妈的"挂在嘴边，不骂则已，一骂就要威力十足。

从垃圾箱到旅行

当我做完编辑的工作，是时候问问自己：一切都按正确的顺序进行了吗？我需要怎么变换一下顺序？我现在需要把自己想象成一个读者，如果我还没有读者的话。我开始转换自己的程序，作为创作者的自我质询需要变成一种作为读者的阅读体验。

找到烤肉串

这是经纪人乔给我的另一条建议。在写初稿的时候，所有的肉块、红辣椒、洋葱和小胡瓜都切得很好，但是串肉的工作还没做到位。你的烤肉叉子是什么？是什么把这一切联系在一起的？在这个阶段，你可以再玩一次标题游戏或六字故事。一旦你对烤肉串有了把握，你就可以更加无情地处理露台和游泳池，把它们放进"天才的碎片"里。

我确定要分享这个吗？

关于这个问题，我会确认自己是否会为这些内容走向世界而感到高兴。最快的方法是想象自己在舞台上大声朗读。如果你不是为了分享而写作，那么你当然不必为此烦恼。如果你剪得太多，它可能会有点瘀伤，也许可以先让它休息一周。

MVP：最小可行性产品

关起门来写作，打开门来修改。

——斯蒂芬·金（Stephen King）

我朋友约翰经营着一家电信公司，我从他那里学到了"最小可行性产品（MVP）"这个概念。几年前，我跟他哭诉自己和《亲爱的读者》之间的纠葛。他惊讶于我的工作没有一个计划或一条主线，而且我也不知道完成它需要几个星期还是几个月。他说我试图一下子做很多事，我需要把它们拆分成很小的目标，我对完美的追求阻止了我完成工作。他告诉我，技术开发人员的目标是 MVP（最小可行性产品），这是一个不花哨、但能完成基本工作内容的产品，此后你可以在这个产品的基础上进行调整、打磨和完善。约翰建议我不要试图创作一本好书，而是要专注于完成一份勉强能让人接受的书稿。他的建议真的帮助我完成了《亲爱的读者》，我现在将它视为写作过程中的一个阶段：在完成挖掘性初稿之后，就到了 MVP（最小可行性产品）。尽管它只是最终版本的一个雏形，但它发挥了该有的作用，一切都处于正确的位置。这是整个过程中我最喜欢的时刻之一，完成之后我松了一口气。从此以后，我开始享受自己的工作，再也不用忍受自我挖掘或结构编辑时情绪的大起大落了。

字词句的编辑

你需要把每个句子当中的每个单词至少考虑十次。

——塞巴斯蒂安·福克斯（Sebastian Faulks）

一旦所有事情都各就各位，我会更密切地关注它们。下面是一些编辑实例：

> 今天下午在去学校接我儿子的路上，我注意到了春天的气息；当我看到一辆黑色大众甲壳虫时，我想起了苏菲。那一次，我们决定从位于利兹的学校出发，去海边旅行。

删除日常生活的片段，把读者带进房间里：

> 一天早上，我走下楼，通过厨房的窗户看到了苏菲。她正在看隔壁花园里的水仙花。她说春天来了，整天被关在教室里是多么遗憾。她向我挥舞着汽车钥匙。她的眼神

里闪烁着我无法抗拒的光芒。

我喜欢这里写到的水仙花，而不是"春天的气息"这样抽象的表达。我不需要那辆车，它已经完成了帮我回想起过往场景的任务。等到我们在路上的时候，我可能会再提起它。现在我写出了四个以"她"为开头的句子，我可以通过增加一些对话来让内容变得更生动。

> 一天早上，我走下楼，通过厨房的窗户看到了苏菲。
>
> "快看！"她说，"春天来了。"
>
> 我们一起欣赏着隔壁花园里的水仙花。
>
> 苏菲说："整天被关在教室里是多么遗憾啊！"说着便拿起她的车钥匙，朝我笑了笑。她的眼神里闪烁着我无法抗拒的光芒。
>
> "好吧，"我说，"我们去哪儿？"

删除影响故事进度的不相干情节：

> 一天早上，我走下楼，通过厨房的窗户看到了苏菲。
>
> "快看！"她说，"春天来了。"
>
> 我们一起欣赏着隔壁花园里的水仙花。我们不认识

我们的邻居，并认为他们不喜欢让学生住在隔壁，因为他们的脾气很暴躁，平时也不怎么理会我们。

苏菲说："整天被关在教室里是多么遗憾啊！"说着便拿起她的车钥匙，朝我笑了笑。她的眼神里闪烁着我无法抗拒的光芒。

"好吧，"我说，"我们去哪儿？"

除非邻居们在未来的事件中发挥了作用，否则就不要提及他们。因为这可能会突出大学生与当地居民之间的紧张关系，除非你的回忆录是关于这方面的，否则它只会分散你的注意力。

避免太多涉及"现在的我"的时间转换：

一天早上，我走下楼，通过厨房的窗户看到了苏菲。

"快看！"她说，"春天来了。"

我们一起欣赏着隔壁花园里的水仙花。我们不认识我们的邻居，并认为他们不喜欢让学生住在隔壁，因为他们的脾气很暴躁，平时也不怎么理会我们。男主人很高大，女主人却很矮小。对当时的我来说，他们的年龄似乎很老，但他们可能并不比现在的我老多少。

苏菲说："整天被关在教室里是多么遗憾啊！"说着

便拿起她的车钥匙，朝我笑了笑。她的眼神里闪烁着我无法抗拒的光芒。

"好吧，"我说，"我们去哪儿？"

不！别这么做！让我们待在利兹的厨房里。不要打破自愿终止怀疑 [1] 原则。让我们在一个时间框架内，带我们踏上旅途。

保持你的观点：

一天早上，我走下楼，通过厨房的窗户看到了苏菲。

"快看！"她说，"春天来了。"

我们一起欣赏着隔壁花园里的水仙花。

苏菲觉得整天被关在教室里是多么遗憾啊！她决定把我带入歧途。

她拿起她的车钥匙，朝我笑了笑。她的眼神里闪烁着我无法抗拒的光芒。

"好吧，"我说，"我们去哪儿？"

---

1. 自愿终止怀疑（the suspension of disbelief），英国诗人和批评家塞缪尔·泰勒·柯勒律治（Samuel Taylor Coleridge）认为读者为了更投入地享受故事，会暂停关于叙述是否可信的怀疑。

我们不想从苏菲的角度来看待这件事。

无心地恶语相向：

一天早上，我走下楼，通过厨房的窗户看到了苏菲。

"快看！"她说，"春天来了。"

我们一起欣赏着隔壁花园里的水仙花。

我们不认识我们的邻居，并认为他们不喜欢让学生住在隔壁，因为他们的脾气很暴躁，平时也不怎么理会我们。男主人很高大，女主人却很矮小。他肯定负责掌管一切，而她有着一张惊惶的脸。他花了很长的时间在花园里挖土，我甚至在某个深夜看到他在那里。

苏菲说："整天被关在教室里是多么遗憾啊！"说着便拿起她的车钥匙，朝我笑了笑。她的眼神里闪烁着我无法抗拒的光芒。

"好吧，"我说，"我们去哪儿？"

如果你的回忆录不是在讲自己隔壁住着一个连环杀手，那就把这部分内容删掉。我们现在对邻居比对苏菲和公路旅行更感兴趣。

生活，写下来吧！

无意中的浪漫语气：

一天早上，我走下楼，通过厨房的窗户看到了苏菲。

"快看！"她说，"春天来了。"

我看着她欣赏隔壁花园里的水仙花。我喜欢她的黑发从额头上垂下来的样子。

苏菲说："整天被关在教室里是多么遗憾啊！"说着便拿起她的车钥匙，朝我笑了笑。她的眼神里闪烁着我无法抗拒的光芒。我会跟着她走到天涯海角。

"好吧，"我说，"我们去哪儿？"

除非我试图表明自己爱上了苏菲，否则这么写可能有点儿过分。

太多的解释和背景故事：

我还记得自己和苏菲去公路旅行的时光。她是我在大学里遇到的第一个人，我们很快就成了朋友。第一年我们一直住在学生公寓里，第二年我们搬到了校外的房子。那时我们彼此很熟，还到对方的家里做客。她住在伦敦，伦敦对我来说是一个全新的城市，既繁忙又嘈杂。我喜欢她在街上叫出租车的样子。我现在还是她的朋友。我订了火车票去看望她，后来疫情暴发了，我们不得不取消约会。无论如何，有一次我们从厨房的窗户望向隔壁的水仙花，决定……

太无聊了！及时跳过这些内容。这个段落唯一有用的信息是关于出租车的。我会把它留着以后用，其他的都删减掉。搜索一下文中的"无论如何"，你会发现在它之前的内容几乎总是离题的。

太多的双引号和副词：

一天早上，我走下楼，通过厨房的窗户看到了苏菲。

"快看！"她说，"春天来了。"

我们一起欣赏着隔壁花园里的水仙花。

苏菲激动地大叫着："整天被关在教室里是多么遗憾啊！"说着便拿起她的车钥匙，朝我笑了笑。她的眼神里闪烁着我无法抗拒的光芒。

"好吧，"我优雅地说，"我们去哪儿？"

句子越简单越好。很多人在学校里被教导说，只使用"某某说"是一个无聊的选择。不是这样的。你的目标是让对话本身的内容发声，而不是描述人物讲话的状态。

最好的版本是什么？

一天早上，我走下楼，通过厨房的窗户看到了苏菲。

"快看！"她说，"春天来了。"

我们一起欣赏着隔壁花园里的水仙花。

"我们今天不会被关在教室里了，是吗？"苏菲拿起车钥匙问道。她的眼神闪烁着我无法抗拒的光芒。

"是的，"我说，"我们去哪儿？"

你瞧，我摆脱了"多么遗憾啊"之类的词，因为我在全文当中过度使用了这个词，我也觉得这个词过于模糊与暧昧。去掉之后我把苏菲的感叹句变成了一个问句，这样的对话感觉更有活力。另外，我还去掉了苏菲那个没必要、也不太合时宜的微笑，删了它使气氛变得有一点儿紧张。现在我们准备出发了。

抛光：金粉和亮片

现在的一切工作都是为了让你写得更好，我喜欢这个阶段。如果我能把手稿丢到一旁放一个星期，我肯定会这么做的。我还会变一下字体，让我的大脑以为自己以前从未见过这份文稿。我会把那些犹豫、重复、有偏差的内容全部删除。我质疑每一个形容词和副词。我只关注句子结构。我很想修改这页文字，因为太多句子以"我"开头，但它有点儿像一个列表，所以还是保持原样吧。我一章接一章地大声朗读，如果我遇到了阻碍，我知道要做一些说明。我对新的部分有很好的想法，或者发现自己之前剪掉的东西可以重新派上用场。我又大声地读了一遍，想象我梦寐以求的读者就坐在旁边的沙发上。她点点头，微笑着，表示一切都好。如果她皱眉，我知道自己得进行调整。

我快要抵达目的地了。我每天都在逐渐接近目标，进步也越来越大。这一切都是值得的！我能把一切都记在脑子里，还能注意到第四章的某句话放到第九章会更合适。我会在夜里醒来，知道自己想改掉某个词，或者想将一行完整的对话插入原来的文稿中。

　　到最后我开始觉得有点儿无聊。但我仍会继续看下去，再通读几遍，直到我开始把逗号取出来又放回去，我知道自己已经完成了这项工作。现在，可以开始庆祝了！这是多么了不起的成就啊！

第四部分： 完成工作

一个专属的房间?

当我开始完成真正的工作时，我意识到写作比不写容易得多。不写作可能是我遇到过的最让人筋疲力尽的职业。它会让你失去理智。不写作是一种精神上的折磨，我的意思是如果你本应该写点儿什么却什么都没写。

——弗兰·勒博维茨（Fran Lebowitz）

弗吉尼亚·伍尔夫说，作家需要一个专属的房间，但我认为，在 21 世纪，现实空间已经不如精神空间来得重要。对我而言，最重要的是腾出时间，让自己无法上网，远离社交媒体。

写作的时候我不会浏览社交网站，大部分时间我都会关掉手机的应用软件，把它放到楼下。当我住的公寓里没有楼梯作为障碍物的时候，遵守纪律就要困难得多。我的朋友凯特把她的手机放在一个盒子里，在特定的时间段盒子会自动锁定。如果我也住在一个狭小的空间里，我也得找个那样的盒子。最重要的是，你需要严肃地将手机视为威胁自己创造力的因素。一个小小的长方形物体竟然有那么大的破坏性，这听起来确实很荒谬，但如果我任由自己的注意力被手机劫持，我绝对无法专注于长时间的工作。这里指的不是字面意义上的时间，而是它所带来的深远影响。迅速瞄一眼推特会在我的大脑当中引爆一枚炸弹。之所以会出现这种情况，一部分原因是社交媒体上的关注热度、软件的提示声以及爱心点赞会让我兴奋起来，也有部分原因是我想要获得更多的关注，甚至想马上就得到别人的关注！我想被关注、被喜爱！如果我能马上得到关注和喜爱，为什么还要费尽心思偷偷写下这些文字呢？这些文字可能永远也见不到曙光，即使它们看到了曙光，那是在几个月之后，还是几年以后呢？我等不及了！

　　我也曾因面对苦难而崩溃。如果我在家里写作，听到街上有人大声疾呼，我会放下笔跑出去帮忙。不幸的事情每天都在不同的地方发生，新闻和推特让我觉得自己能听到成千上万人的呼声。我们只需要点击一下屏幕，就可以持续关注其他人所经历的灾难事件，但我们却没有能力去帮助他们；我因此陷入了一种无能为力的瘫痪状态。与此同时，我对自己手头的项目也提不起任何兴趣，因为我的项目与我目睹的事件相比，未免有点相形见绌。

　　推特这个软件对于神经大条的活跃人士来说是很不错的，但对于那些内心脆弱的人来说却有可能造成严重的伤害。如果我看到一个作家因为某事蒙羞，我会想缩成一团躲起来，再也不说话了。此外，推特上有些看起来稀松平常或鸡毛蒜皮的小事，以及一些愚蠢行为，会让我觉得有点儿恶心；那些事情还可能让我面临失去信仰的危险，那是被我视为立身之本的关于人性的信仰。

推特还让我们去跟别人比较，进而让人绝望！总有人的生活比我们更有趣，总有人在育儿方面做得比我们好，总有人为这个世界做出了更多贡献。

推特让我嫉妒、挑剔、神经质，它会一下子抛给我好几个球，以至于我一个都接不住。很快我就会被它们弄得晕头转向，瘫成一团，像个沮丧的杂技演员一样躺在地上，周围都是自己无法控制的形态各异的物体，其中有些还起了火。驯服那张环绕在我头上的 4D 动画拼图已经很困难了，我不想再引入其他东西。

所以，我们得控制自己的思想。自主选择让谁进入你的空间和时间。让蝴蝶和蜜蜂在你想象的花园里飞来飞去，而不是被毒气熏死。

无论你是否有自己的房间，千万不要受制于现代技术。别再把那些愤怒的声音带到床上，影响你的睡眠！再一次宣誓你对个人空间的主权！

生活，写下来吧！

时间和习惯

忘掉灵感，养成每天写作的习惯。出于习惯而创作出来的书比依靠灵感写的书多得多。如果你想让缪斯女神登门拜访，她需要知道你在哪儿：因此，坐到书桌旁边吧。

——菲利普·普尔曼（Philip Pullman）

写书是一项巨大的工程，我们很容易被它的规模所震慑，以至于连逐字写作的基础性工作都无法完成。把我从一个想写作的人转变为一个已经写完一本书的人的关键因素是学会如何利用时间。

你每天写什么不要紧，连续两三天不写也没关系。但如果你一直都不动笔，这才是个问题。在某种程度上，持续不停地写很重要，因为你很可能写个半年或者一年都颗粒无收，而且很难知道这样的状态什么时候会有所改变。因此我不再从整本书的角度来思考自己要写什么，而是要求自己思考两个小时内要写些什么。

接下来我需要提前决定自己要做什么。我手头上经常有两本书稿以及一些新闻稿、书评在如火如荼地进行。如果我没有提前决定写什么，那么当我坐到办公桌之前，我可能会因为犹豫不决、迟迟下不了决心而筋疲力尽。

我喜欢工作的多样性，所以我会完善管理自己的办法。目前我是以周为单位来计划的。周日下午，我有半个小时的会议，在会上我会确定自己要致力于哪个项目，然后把它写到日记里。每天我都会勾选自己完成的每件事，并备注上新增的字数或改稿的时长。有一点很重要，那就是要为自己已经完成了两个小时的工作感到高兴和自豪，而不是沉浸于自己还有多少工作要做，或者质疑自己是否取得了实质性的进展。周末我会给自己放假，如果必须写的话，我可以在便利贴上信笔涂鸦，但我不允许自己打开电脑。通常情况下我会很想打开电脑，但我已经明白了没有负罪感的休息是至关重要的。等到了周日下午，我才会遵守承诺，制定下一周的工作计划。

就算自己做的是常规工作，这种做法也会有用。我能看到接下来一周都有哪些工作安排，要是排得太满了，我会在完成自己的晨间日记后，先把工作晾在一边。于是，在接下来的一周里，我有三天要在凌晨 5 点起床写作。在创作《爱的最后一幕》时，我的工作时间已经超过了全职。那一年半的所有节假日里，我都在创作。圣诞节的时候我想给自己放个假，但后来还是在写作。

所以，从小事做起吧，逐步建立起对自己的信心。制定一个常规计划并坚持下去。你可以花大量时间来制定这个计划，也可以灵活地完成这个计划，但千万不要放弃。不要急于求成，一口吃不成胖子。记住，追求完美是创作的敌人，因此，在创作过程中请降低我们对写作质量的期望。规划好休息时间，以及不向大脑提出任何要求的时间，这样大脑就可以漫无目的地低速运转了。

当你获知其他作家在森林小屋或自家花园里的华丽书房进行创作时，你要试着不屈从于自己内心的比较和绝望。写作不需要完美的条件，写作需要你去考察、审问自己，去研究如何找到自己的路。

你会搭乘交通工具，并在通勤路上写作吗？若是自己开车，你能把自己的想法记录下来吗？就算不动笔写作，你会把这段时间用于思考而不是听新闻播报吗？你想让自己变成工作场所的附庸吗？有时我会被自己的工作邮件所奴役。我当时认为处理邮件是很重要的事，但我现在认为这不仅没必要，而且还有害健康，以致到最后我对自己的工作失去了新鲜感和创造力。我们都需要休息。

第四部分：完成工作

我是一个早起型作家，但我认识的很多人都通宵写作。我没熬夜写作只是因为熬夜太累了，一整天都会让人感觉不舒服，心烦意乱，焦虑自己可能写不好。写作对我来说就像是对抗焦虑的药物。如果我每天早上吃两个小时的定心丸，那么我就更能享受一天当中剩下的时光。当然，如果我的生活发生了变化，适应这种早起的节奏可能会变得更加困难；不过，如果我认为自己必须在早上6点出门上班，那么我会尽量在凌晨4点起床，而不是拖一拖再起床。

如果你的双手很忙碌，你能让自己的思想自由地游荡吗？以前做家务让我非常恼火，后来我读到阿加莎·克里斯蒂曾经在洗碗的时候构思她的故事情节，于是我下定决心将自己所有的家务时间命名为思考时间。

关于时间安排，你有什么创新想法吗？如果我在完成写作之后，去叠刚洗晒好的衣服，或去超市排队买东西，我通常会迸发出非常棒的想法，尤其是当我关掉手机，将更多时间用于沉思的时候。

我倾向于不让任何人阅读我正在创作的内容。很多人确实从写作小组当中得到了鼓励，但我发现，如果我在当前阶段开始思考现实生活中的反应，这会让事情变得一团糟。除非思考现实生活的反应是既定流程中的一步，否则我会对这种做法保持警惕。

生活，写下来吧！

对家人和恋人同样要小心。我有一位学员在喝了几杯酒之后，向她那滴酒不沾的丈夫朗读了自己最新的章节，但是她的丈夫并没有如她所料的那样热情回应，她因此愤愤不平。我给她的建议就是停止这种做法。

截稿日是第一生产力。找个负责任的伙伴很管用。你可以让朋友、孩子或专业人士来帮你。如果这个负责任的伙伴是你的家庭成员，还会产生额外的好处，能提高他们的参与感。在隔离期间，我对马特说："我需要上楼写作两个小时。我的目标是写一千字，在此期间我不能上网。你能帮个忙，做个负责任的伙伴吗？也就是说，你必须在我写作结束之后问我刚才做得怎么样，然后对我说做得好。"他喜欢被赋予指挥我的权力，我发现如果我答应了他，我就更能集中精力写作。

"干得好，下班早"这句话是我爸爸在矿井工作时对下属说的话。如果他们努力工作，完成任务，那么他们就可以马上回家，而不用等到轮班结束。我经常在星期五玩这个"干得好，下班早"的游戏：写到一千字就停笔，然后犒劳一下自己。大脑喜欢被犒赏，至于用什么犒赏并不重要。我周五的奖励是边泡澡边看书。我向自己保证，隔段时间就会换换茶包的口味，并刻意训练自己在看到一盒新的什锦草本茶包时感到兴奋。我有一些特别的马克杯，我会期待写作时用上其中一个。骗一骗你的大脑，告诉它远离办公桌的时间是一种奖励。当我完成这项工作之后，我就可以去跑步或者去超市。多么刺激啊！

打卡记录很有趣，大脑也喜欢这么做。当你勾选你做完的事情时，在旁边画上一颗爱心。或者每次训练结束后，将一块鹅卵石从一个罐子移动到另一个罐子。你会开始期待石头扔进另一个罐子时所发出的碰撞声。点上一支专属于写作时刻的蜡烛。当你吹灭蜡烛的时候，你会感到心满意足。这时你可以祝贺自己，你做到了。你的故事呈现在纸上了。请继续写下去，相信剩下的事情都会迎刃而解。

我会夜以继日地写作，随后稍事休息。我仍期望找到一个完美的方法，但也许我应该接受其实并没有完美的方法，我现在所使用的方法已经足够好了。以前我还幻想过集体写作，我和其他人坐在一个房间里，我们一起奋笔疾书，一起享用午餐。可是这样看起来像个图书馆！

关于饮酒的说明

在生活中保持规律和秩序，这样你在工作时就能保持激情和新颖。

——居斯塔夫·福楼拜（Gustave Flaubert）

自 2017 年以来，我滴酒不沾。在过往的生活中，我不仅酗酒，还试图在烂醉如泥或宿醉未醒的状态下写作。但处于那样的状态下，我什么都没写出来。在创作前两本书的过程中，我确实还在喝酒。但每次写完初稿后，我不得不暂时放下酒杯，因为我既不能控制自己的饮酒量，也无法在醉醺醺的状态下工作。这种短暂的清醒让我意识到没有宿醉的状态是多么美好，我喜欢从借酒浇愁的郁闷中解放出来。对我来说，喝比不喝容易得多。我已经迈出了一大步，我承认自己对酒精毫无抵抗力，只要我不去质疑这个判断，剩下的事情就好办了。我只要不喝酒就行。

亲爱的作家，我告诉你这些并不是为了扫你的兴，也不是试图去影响你的习惯。我有很多朋友也饮酒，但这不会对他们的生活产生负面影响。多年以来，我一直坚信不疑，认为创意工作者应该时时刻刻都待在酒吧里，现在我明白这是无稽之谈。写作很难，需要我们全身心地投入。自从我试着在半醉的时候停杯以后，我比以前更开心了。

从另一个角度来看，我觉得自己像个傻瓜，向那些在酒吧里、商店里、矿井下，以及在石油钻塔上工作的人暗示说写作很累，但是写作确实很累！写作需要大量的付出，因此你要照顾好自己。记得好好吃饭，多呼吸新鲜空气，闲暇时做做瑜伽。保持身体健康。

当陷入艰难境况

生活中有不计其数的小困难。有哪位作家会因为牙齿疼痛、账单到期、孩子生病（待在隔壁房间或待在同一房间）、亲戚来访、恋情结束，或是因为填写政府要求的不计其数的表格而停止工作？

——特丽夏·海史密斯（Patricia Highsmith）

在写作过程中遇到困难是在所难免的。如果我们在矿井下作业，就有可能遇上钻头损坏或是突发渗水的情况。如果我们把写书想象成一次航行，那么我们需要修理船帆，还要做好会碰上恶劣天气的准备。

我过去常常在被外部事务弄得心烦意乱的时候停止工作，不过如今我已经学会了改变和挑战自己固有的看法。我曾经说过，由于我太过于关注马特和他的需求，以至于当他醒着的时候，我根本没办法在家写作，我无法协调好母亲和作家这两种角色。紧接着新冠疫情暴发了，我的选择被缩小到两个：什么也不写，或者试着在他旁边写作。起初，我允许自己的注意力不够集中；我一直在写的那部小说看起来似乎可写可不写；我把大量的时间都花在了新闻上面，任由自己被恐慌和毫无意义的推断淹没；我不想为了每天的运动奖励而外出。我所能做的就是躺在沙发上吃冰激凌。

这种状态持续了好几天，我开始感到情绪低落，我意识到自己必须在心理健康出现问题之前采取行动。我告诉我丈夫埃尔文说，我必须停止收看新闻，并请他每天只把那些不得不了解的信息告诉我。第二天一大早我起床跑步，回来之后我请埃尔文和马特一起帮我制定一个适合我们生活节奏的写作时间表。我向马特解释说，虽然他在我旁边的时候我通常都不会写作，但现在我不得不在这种情况下写作。我们约定好上午的时间留给我写作，马特醒了之后可以到书房看看我，但随后就得和他爸爸一起玩到中午。我向自己保证，在吃午饭之前，决不让外界干扰自己。

过了不久，在一位朋友的介绍下，我接触到了"番茄工作法"[1]，根据这种方法，你可以先工作25分钟。于是，我决定把自

---

1. 番茄工作法（Pomodoro Technique）：选择一个待完成的任务，将番茄时间设为25分钟，专注工作，中途不允许做任何与该任务无关的事，直到番茄时钟响起，可以短暂休息一下（5分钟就行），然后再开始下一个番茄时间。

己以前所使用的两小时工作法一分为四，拆分成四个 30 分钟。这么做真的很有效果。马特确实偶尔会打断我，但我会抱起他，指指计时器。我意识到他喜欢监督我工作，所以我鼓励他不要让我在吃早餐的时候磨蹭太久，他很乐于提醒我继续工作。下午我会一直跟他待在一起，我们一起做功课，一起读书。当马特玩电子设备的时候，我会回复邮件，开视频会议。严格遵守日程安排是一种令人愉快的修行。当我回到小说中，便会热情高涨，忘记了计时器的存在。几个月过去了，各种困难和令人不安的事情发生了，我把这些几乎都写进了晨间日记里。"我这样做是为了让我自己感觉更好，"我对自己说，"也为了未来的我自己，她会感兴趣的。"

如果我生病了，还要工作吗？

回想一下引火物，如果柴火太潮湿而无法燃烧，那么继续尝试可能会很痛苦。我偶尔会因为身体不适而躺在床上休息一两天。我尽量确保自己是真的不舒服，而不是出于对自己项目的恐惧。如果我批准这次休假，那么千万不要把时间花在社交媒体和电子邮件上。我会让自己在没有任何电子设备的情况下爬上床，然后睡一觉。不过，行动可以治愈恐惧，如果我能继续工作，那么写作会让我感觉更舒服。

第四部分：完成工作

意志消沉的时候，我该不该工作？

这很难做到，而且每个人面临的情况也不一样。如果你很沮丧，最紧要的是先照顾好自己，同时也要意识到自己正在用黯淡无神的目光去打量自己的作品，这非常重要。当你觉得一切都黯淡无光、毫无意义时，你可能需要停笔一段时间，但不要做出比这更重大的决定，也不要认为这一切都是毫无意义的。我所磨练的这个技巧，即在沮丧的时候不去做重大的决定，极大地改变了我的生活。当我感觉情绪低落时，我会采取极严格的自我照顾，在自己感觉好起来之前，尽量不过多地要求自己。我可能会有放弃生活、放弃家人、放弃工作、放弃我正在写的书的念头，但我已经学会了抑制这些冲动，因为当我从另一个角度来看待这一切时，我将不再心怀憎恨。我对自己说："我保证，未来的你会很高兴活着。"然后上床睡觉。

我对世界的现状感到不安

这是一个棘手的问题，不过，如果你震惊于世界上所发生的一切，却听不到自己的心声，也做不出什么贡献，这样的你能为世界服务吗？如果花太多时间看新闻，我会变得无奈、沮丧，我逐渐意识到，这对任何人都没有好处，最好减少看新闻的时间。

希拉里·曼特尔说："我认为，如果一个小说家愤世嫉俗或消极厌世，如果他觉得人类的前途已经毫无生机，那么他就失去了身为作家的权力。你必须相信事情会有变化，而且会变得更好。"这句话让我觉得，不向悲观屈服是正确的选择。

如果我累了怎么办？

HALT 是恢复社群[1]所使用的首字母缩略词。当你有某种渴求的时候，你应该停下来问问自己，是饿了（hungry）、生气了（angry）、孤独了（lonely），还是累了（tired）。用 HALT 向自己提问，不仅在日常生活中很受用，在写作中也很有帮助。不要从消极的角度来评判你的工作。我很惭愧，直到最近我才意识到，停下来吃午餐是多么重要的一件事，因为如果我不停下来吃午饭，我就会对自己的项目越来越沮丧、越来越不安，然后开始砍掉部分内容，或者想要放弃。然而，现在我明白我只是饿了！自从我不再试图在能量低迷的时期工作后，我的写作生活变得更加轻松愉快。

1.恢复社群（Recovery circle/Recovery community），一种旨在帮助成员恢复心理健康的组织。

我总是被卡住

我们很容易以为自己会在第一天就动笔写作，然后写得越来越好，越来越自信，然而，写作是欲望和恐惧之间的拔河，是在曲折中前行。你可能会有好几次觉得"太棒了，我还是有点天赋的"，也可能会觉得"这是有史以来最垃圾的作品"。要解决这些问题，不可能一劳永逸。我希望自己能够明白，积极的关注也可能会破坏写作的稳定，恐惧会引起人的麻痹效应；我希望自己能够更加顺利地渡过大风大浪，在遭遇暴风的时候，要对顺风顺水的日子心存感激。当我真的陷入困境时，我会列一个清单："我不想写书，因为……"这似乎是反直觉，但最好是将恐惧写到纸上，而不是将恐惧埋在心里。所以，把一切都宣泄出来，冷静下来，做点让自己开心的事，重温关于写作的承诺。

我太糊涂了！

好吧，这很正常。我曾经因为自己犯糊涂而生气，但我后来意识到，从糊涂到清晰需要一定的时间，在这个过程中我总是云里雾里，非常困惑。这就像春季大扫除一样，在打扫得井井有条之前，场面会因为洒扫整理而变得更糟。有一段时间你所有的东西都会堆在地板上，你不知道自己将如何维持秩序，你必须有毅力，努力工作，然后你就会做到。

我还是很害怕。

你能把害怕重新定义为敬畏吗？试试看："我就在写作殿堂的门口。当然，我很敬畏眼前的任务，写作是件大事。但今天我只想玩一玩。如果我不愿意的话，我可以不向任何人展示我的作品。我只需要写作，之后我就会感觉好多了。现在，我要开始了。第一个词语最难……"

当我试着节制饮酒时，我意识到自己无法喝两杯就停下来，但我可以不喝酒。第一次拒绝是最困难的，一旦你做到了，后面的事情就会变得越来越容易。到了晚上，我看到地铁里到处都是喝醉了的人，我很庆幸自己保持了清醒。为了让自己渡过戒酒的难关，我会用"第一次伤害最深"（The First Cut is the Deepest）的调子来唱"第一次说不最难"。如果你正处在焦虑的临界点上，试试看。当你开始工作时，对自己唱"第一个字是最难的"。

如果我无聊呢？

我曾经认为无聊意味着我的工作做得不太好，但在读了詹姆斯·克利尔的《掌控习惯》（Atomic Habits）之后，我的想法发生了改变。他采访了一位奥运会教练，那位教练说成功的运动员是那些能够忍受早起和无聊的重复训练的人。我明白了无聊是至关重要的，我必须坚持下去，而不是心猿意马。我不明白为什么自己经常在取得重大突破之前，有一种深深的、几乎无法忍受的厌倦感。如果你能让自己觉得自己的手稿是生活中最有趣的东西，这会对你很有帮助。所以我会在某段时间之内停止一切娱乐活动，我必须从自己的手稿中发现乐趣。

当我感到一切都疲于应付呢？

有时我会觉得头昏脑涨，快要炸裂。每当碰到这种情况，我常常会想，这太难了。我永远都不可能做到。最近这段时间，我试着喘口气，试着接受新冠疫情的蔓延，也欣然接受自己的想法在更新，自己的意识在提高。真正重要的是，这一刻我静静地坐着，我不想从互联网上或糖罐里寻求即时、肤浅的安慰。我觉得自己像是被大浪打翻了，上气不接下气，我担心自己无法站起来。但我会站起来的，我只需要保持漂浮的状态，为了不停地在水中划动双臂，我要不停地敲击键盘。

我给马特读《饥饿游戏》(*The Hunger Games*)。我们都被凯特尼斯的故事，以及她为了帕纳姆的电视娱乐如何与其他人作战的经历给迷住了。她尽可能多地学习，为迎接挑战做好准备。我突然意识到，写一本书就像自愿进入一个竞技场，你可以进行训练，提前准备，并掌握一些生存技能，但你不知道自己将在那里遇到什么。是遇到森林大火，穷追不舍的大黄蜂，还是基因突变的小狗……我们生活在一个通过屏幕就能轻易看到痛苦，也很容易做出对自己有害的事情的世界。在这一刻，我想要感觉充实，想被抚摸、被取悦、被安慰。我创造出作品的唯一方法是消除短期快乐，延迟生理享受，代之以精神上的满足。

这就是充斥在你竞技场上的东西：那些穷追不舍的大黄蜂制造出来幻觉，它们在你的大脑中嗡嗡作响，它们会告诉你，这太难了，太麻烦了，你应该去吃一大堆甜甜圈，或者打开手机看一眼推特，或者喝个酩酊大醉，或者上床睡觉。我们要抵制它们。回归自我。回归创作。

竞技场上也充满了奇迹疗法，充满了新发现，以及具有疗愈作用的植物，你身上储藏着连你自己都不知道的勇气和能力。所以，让写作成为你的竞技场吧。大胆一点。这是一次前所未有的探索之旅，你可以在自己的大脑中完成这一切。

第四部分：完成工作

成功就是热爱你自己，热爱你所做的事，并且热爱你所采取的方式。

——玛雅·安格鲁（Maya Angelou）

最亲爱的作家：

我们已经走了一段很长的路，在告别之前，我想最后告诉你一件重要的事情。这是我最近得来的启示，希望它能让你走得更轻松。我们不应该把自己的写作或者写作的成功当成让自己幸福的条件。我们所写的这本书，也许有人觉得很精彩，能改变他们的生活，有人认为这无聊又垃圾，有人想要出版它也好，无人问津也罢，我们要记住，在开始写作之前我们本身就已经是有价值的。如果我们把个人价值感放在自己身上，而不是建立在自己所取得的成就上；那么，我们会因此变得更好，并且有更多能力在

生活，写下来吧！

多舛命运的疾风骤雨之中航行。所以，无论如何我们也要行动起来，不去理会除了写作本身之外的任何事情。亲爱的作家，同我达成最后的协议吧。我们不会坐等别人来告诉我们，写作值得我们花费时间和精力，但我们会为自己放弃获得外部验证的渴望而感到自豪。我们将陶醉于自己的好奇心，专注于作品本身的意义和目的，把自己投入到书写生活的努力和兴奋之中。

最 后

　　就在首次新冠疫情封控之前，我和一群作家一起待在凯斯特尔·巴顿农庄。封锁的消息令人越来越惊慌，我们都焦躁不安，但我们仍努力集中精力试图从这次封控中受益，而不是在惶恐中失去一切。我当时正通过录制教学课程来帮助自己创作这本书，因为与现实生活中的人在一起，能展现出我最好的一面。我希望通过转录这些录像，将一部分能量传递到文字当中。

　　我的治疗师朋友克莱尔也跟我们在一起，她当时正在写一本关于大自然疗法的书。她提出在我们上课之前，先带我们享受一场迷你森林浴。我们站成一个圆圈，她温柔地为我们介绍了感受力（Receptivity），以及如何正确无误地做到这一点。做了几次深呼吸之后，我感觉自己平静了下来。我看着克莱尔，她戴着毛绒帽真漂亮。我想我是多么珍视我们的友谊。我瞥了一眼其他人，他们也戴着围巾和手套。他们是新建立起来的关系。有些人在几天前还是陌生人，但现在我们在这里建立起联系，分享彼此的弱点。

生活，写下来吧！

克莱尔派我们去寻找一个小区域，并开展仔细地检查。这几天我多次经过这堵墙，但从未注意到那些不同品种的苔藓发生了多么大的变化。我不知道原来有这么多不同色调的棕色和绿色。有一小束报春花，依偎在墙体和草丛之间。我之前怎么没注意到？因为我行色匆匆，心事重重。当我们匆匆忙忙时，我们会错过眼前的一切。

我们重新聚集起来，然后克莱尔让我们找出一些已经被大自然抛弃的东西。我选了一根不起眼的、没有花蕾和叶子的树枝。我可以用它来解释为什么在对自己的整体结构有更多了解之前，不应该进行编辑。"如果这根树枝开满了花，你会发现折断它的难度更大。"我发现枝条上有尖刺，如果我不小心处理的话，它们可能会伤到我。我们在讲述故事时需要保持谨慎。

克莱尔谈及季节，谈到了冬天之后的春天，我想我也可以学会冬眠，让自己在休耕期重新变得肥沃。我决定在花盆里种一株玫瑰，并把它放在家门口的架子上。我将观察它的生长过程，并思考花丛和荆棘、美丽与危险、欢乐与痛苦之间的相似性。

我们结束了。我感觉在这 15 分钟里，我们一起在大自然里走了一段很长的路。

几个月之后，我仍待在家里，疫情也仍在蔓延，轻易就让我们偏离了正常生活的轨道。大部分时间，我的写作被外部事件阻

最　后

止了。我想继续写作。我记起了自己录制好的内容。我按下播放键，声音把我带回到那间被改造过的苹果商店，那是我们每天碰头的地方。这些伙伴让我觉得很温暖。我听到自己正在进行一次练习，还使用了一个 5 分钟的计时器。我享受接下来安静被打破的那个时刻，我喜欢集体写作时发出的声响。笔在纸上划过的沙沙声，敲击键盘的噼啪声，偶尔发出的吸气声，有时还有一阵咯咯的笑声，抑或一声长长的叹息。我可以按快进，但我提醒自己不要过于匆忙；我继续听着，从自己小房间的窗户向外看去，目光落在远处位于树木和房屋之间的蓝色三角形。

5 分钟时间到了，我又开始谈论。我把带刺的树枝钩到了羊毛衫上，当大家帮忙解开那根缠绕的树枝后，我听到了笑声。"这是一种隐喻。"我说。当我继续转写自己的录音时，我对那些作家，以及"自我挖掘"环节时站在我身旁的其他人充满了感激之情，是他们给予了我与他们并肩作战的荣耀。我突然意识到，我终于学会了真心地喜欢自己发出的声音。

延伸阅读

在花时间写作之后，你能为创作做的最好的事情很可能就是阅读。亲爱的作家，我强烈建议你少把宝贵时间花在社交媒体和新闻上，而是多投入到长篇叙事当中。来吧！和我一起在我的书架间漫步。

写作专栏

这些书籍中的一部分内容，我已经反复读了几十年，可每次回顾都会发现一些自己之前没注意到的东西。所有这些书的共同之处在于，它们都满怀善意，就像它们的作者，从分享它们的过程中获得了真正的乐趣，并且真的希望我们能够取得成功。这些书都很注重灵感，而不重视规则。

《成为作家》（*Becoming a Writer*），多萝西娅·布兰德（Dorothea Brande）著

这本轻薄而实用的书出版于 1934 年，它提倡在清晨写作，

以此获得利用潜意识里的资源的机会："在你的写作生涯中，每当你才思枯竭，搜肠刮肚时，请把纸笔放到床头柜上，等第二天一大早醒来再写作，这种情况会时不时出现在最不爱动脑筋的作家身上。"

《以艺术家的方式工作》（*The Artist's Way at Work*），茱莉娅·卡梅隆（Julia Cameron）著

这门创造力恢复课程充满了灵感和智慧，你可以在 12 周之内学完。我喜欢卡梅隆在练习和轶事两部分的组织方式。我新认识了一群戒酒的女人，她们组成了小组一起做这件事，这让我心情愉悦。伊丽莎白·吉尔伯特说，她参加了三次小组活动，为她写出《美食，祈祷，恋爱》（*Eat, Pray, Love*）这本书做出了很大贡献。

《去当你想当的任何人吧》（*Big Magic*），伊丽莎白·吉尔伯特（Elizabeth Gilbert）著

这是一份令人耳目一新的解放宣言，它敦促我们摆脱各种束缚："那么，去做那些能让你充满活力的事情吧。追随你所酷爱的、迷恋的以及渴望的东西。相信它们。创造任何能引起你内心革命的东西。剩下的事情都会迎刃而解。"

生活，写下来吧！

《写出我心》(*Writing Down the Bones*)，娜塔莉·戈德堡（Natalie Goldberg）著

这本慷慨大方的书出版于 1986 年，书里的每一页都有大量实用的技巧和振奋人心的智慧："生活是如此丰富，如果你能如实地把事情的来龙去脉写下来，你几乎不需要其他的技巧。"

《写作这回事》(*On Writing*)，斯蒂芬·金（Stephen King）著

这是本短小精悍的书，书中有很不错的回忆录，里面也藏满了珍宝："仅仅因为一件作品很难完成就半途而废，无论是对情感，还是对想象而言，都不是个好主意。当你很不想写作的时候，你还是得继续往下写；当你觉得自己能轻松应对时，你会做得很出色。"

《关于写作》(*Bird by Bird*)，安妮·拉莫特（Anne Lamott）著

"几乎所有好的作品都脱胎于糟糕的初稿。"我经常读这本迷人的书，我真的觉得安妮·拉莫特就是我的朋友。她的陪伴既让人振奋又让人放松，她擅长通过制定短期任务和糟糕的初稿来完成工作。

《在雨中的池塘游泳》(*A Swim in a Pond in the Rain*)，乔治·桑德斯（George Saunders）著

最近的一个周末，我沉浸在这本书之中，这本书虽然与俄罗斯短篇小说有关，但其中很多内容能够让回忆录创作者获益匪浅。桑德斯是一位出色的作家和思想家，他的"标志性空间"（Iconic space）概念与声音（Voice）有异曲同工之妙。

救援专栏

下面这些书，在写作行为和生活行为两方面，都对我有所帮助，我在晚上不上网的时候读这些书。当我情绪低落的时候，浏览救援专栏上的这些书真的很有用，它们能够使我想起那些我已经知道，但在混乱的现代生活中容易遗忘的事情。

《兰花与蒲公英》(*The Orchid and the Dandelion*)，托马斯·博伊斯（W.Thomas Boyce）著

意识到自己不仅仅是一颗破碎的蒲公英，是值得喜悦的！博伊斯认为，有些人在任何地方都能茁壮成长，而另一些人对环境的反应则比较激烈，他将生活描述为一朵情感更强烈、更痛苦、更丰富、更多变的兰花。我抱着极大的认同阅读了这本书，并认为这本书对许多作家和书虫而言是有意义的。

生活，写下来吧！

《掌控习惯》(*Atomic Habits*)，詹姆斯·克利尔（James Clear）著

我一直在与传统的动机和目标设定做斗争，这本有趣的书解释了其中的原因，并提供了许多关于建立良好习惯的实用建议："当你爱上的是过程而不是结果时，你不必得到许可就能够让自己快乐。"

《不只是忧郁》(*It's Not Always Depression*)，希拉里·雅各·亨德尔（Hilary Jacobs Hendel）著

如果制定情绪清单对你有帮助，那么你会发现这本书有很多值得探索的地方："我们的情绪是生活的指南针。任何人都可以在生活中接触到自己内心深处的情绪，进而减少焦虑、羞耻、内疚、抑郁、上瘾、困扰和其他症状。如何才能做到？通过了解内心深处的情绪，并学习如何处理这些情绪。"

《数字极简主义》(*Digital Minimalism*)和《深度工作》(*Deep Work*)，卡尔·纽波特（Cal Newport）著

这两本书非常有益于我们理解为什么自己如此容易受到社交媒体的影响，理解断断续续的反馈是如何像老虎机一样起作用的，以及我们寻求社会认可的动力是如何被劫持的，"有利可图

延伸阅读

的行为成瘾"是如何产生的。此外，还有很多策略，比如数字分离（Digital decluttering）和关闭仪式（Shutdown ritual），等等。

《正念创造力》（*Mindfulness for Creativity*），丹尼·彭曼（Danny Penman）著

这本书解释了迷宫实验中老鼠的行为。它很好地展示了我们的大脑是如何欺骗我们，使自己高估威胁、低估回报和机会的："毕竟，如果你害怕，无休止地犹豫不决，从不冒险，你就不可能真正拥有创造力。"

《比从前更好》（*Better Than Before*），格雷琴·鲁宾（Gretchen Rubin）著

这是一本关于习惯的佳作，它将人们分为四种不同的类型，我属于其中的施惠者类型。这本书还向我们展示了哪些策略将为我们提供最佳的成功机会。它的适用面很广，能帮助我戒酒，让我开始跑步，以及完成手头的工作。

《悲伤的力量》（*Grief Works*），朱莉娅·塞缪尔（Julia Samuel）著

书中介绍了各种关于失去的研究，这些案例都很感人，是我读过的关于悲伤最好的文章。塞缪尔把悲伤描述为"一场关于失

去的痛苦与我们的求生本能之间的拉锯战"，这确实缓解了我对悲伤所造成的混乱的困扰。

《给内心的小孩找个家》（*The Child in You*），斯蒂芬妮·斯蒂尔（Stefanie Stahl）著

斯蒂尔的理论是，我们的大多数问题都是由自己过去习得的自我保护策略造成的。这本书确实帮助我看到了害怕犯错或让人不快是如何损害自己的生活和写作的，并为我提供了一些能让自己轻松一点的策略。

回忆录专栏

为了消遣，我很快就把这些书读了一遍，然后我又回过头去写作。作者是如何让我产生这种感觉的？他们是如何处理自己书中的角色阵容，那些跨度很长的时间框架，自己并不清楚的完整故事，以及令人不适的材料的？他们是如何吸引我的注意力并让我留心的？下面这些书通过实例，很好地回答了这些问题，我给你们看看这些书的第一行，你们可以借此了解这些书所发出的声音，并留意它们是如何构建故事的。（如果你想做最后的练习，那么用这些例子来询问你自己的出发点是什么……）不过，还是要提醒一下你。千万不要因为他们的优秀而感到沮丧！请记住，

尽管这些书读起来像是直接从作者笔下流淌出来的，但创作它们需要付出巨大的努力。将你正在进行的工作与一本已经出版的书做比较，就像穿着睡衣观看奥斯卡颁奖典礼一样，你还会因为自己没有做好走红毯的准备而痛斥自己。

《我所知道关于爱的每件事》（*Everything I Know About Love*），多莉·奥尔德顿（Dolly Alderton）著

"浪漫的爱情是世界上最重要、最激动人心的事情。"

《我知道笼中鸟为何歌唱》（*I Know Why the Caged Bird Sings*），玛雅·安吉洛（Maya Angelou）著

"与其说我忘了，不如说我无法让自己记住。"

《我和梅姬》（*Maggie & Me*），达米恩·巴尔（Damian Barr）著

"那是 1984 年 10 月 12 日。"

《底层》（*Lowborn*），克里·哈德森（Kerry Hudson）著

"我们能从幸福的结局开始吗？"

《当呼吸化为空气》（*When Breath Becomes Air*），保罗·卡拉

生活，写下来吧！

尼什（Paul Kalanithi）著

"我翻了翻 CT 片子，诊断结果显而易见：肺部布满了无数的肿瘤，脊柱变形，整个肝脏都被覆盖了。"

《绝对笑喷之弃业医生日志》（*This is Going to Hurt*），亚当·凯（Adam Kay）著

"2010 年，经过 6 年的培训和 6 年的病房实习生涯后，我辞去了医生的工作。"

《迷失》（*Giving Up the Ghost*），希拉里·曼特尔（Hilary Mantel）著

"这是 2000 年 7 月下旬的一个星期六，我们正待在诺福克郡里弗姆的猫头鹰小屋里面。"

《矢车菊》（*Bluets*），梅姬·纳尔逊（Maggie Nelson）著
"1. 假设我一开始就说自己爱上了一种颜色。"

《我存在》（*I Am, I Am, I Am*），玛姬·欧法洛（Maggie O'Farrell）著
"一个男人从前方路面上的一块巨石后走了出来。"

延伸阅读

《戴头饰的男孩》(*The Boy with the Topknot*)，萨瑟南·桑赫拉（Sathnam Sanghera）著

"一起喝酒不一定是令人沮丧的经历。"

《棕色婴儿》(*Brown Baby*)，尼科什·舒克拉（Nikesh Shukla）著

"在我妈妈去世之前，我从没想过自己要当父母。"

《我的名字是疑问》(*My Name Is Why*)，莱曼·西塞（Lemn Sissay）著

"十四岁那年，我以为那是自己的名字，我把首字母文到了手上。"

《你当像鸟飞往你的山》(*Educated*)，塔拉·韦斯特弗（Tara Westover）著

"我站在谷仓旁边那辆废弃的红色火车上。"

《盐之路》(*The Salt Path*) 雷诺·温恩（Raynor Winn）著

"当海浪涌来时有一种破碎的声音，这种声音与其他声音都不一样。"

生活，写下来吧！

《我要快乐，不必正常》(*Why Be Happy When You Could Be Normal?*)，珍妮特·温特森（Jeanette Winterson）著

"我母亲经常生我的气，当她生气时她会说：'魔鬼让我们投错了胎。'"

一份富于启发性的格言

在这本书的写作接近尾声时，我想到了一个好主意，我可以请自己敬佩的作家来分享他们最好的建议。这促使我完成了最后的编辑，我很高兴能把这些智慧和鼓励传递给你们。

不要担心要按时间顺序来做所有的事情。从你最想写的东西开始，可能是一句话、一个场景，或是一个角色介绍，然后在此基础上开始写作。我称之为拼贴写作，有时这是你唯一能让自己进入正题的方法。

如果你被一种叙事形式禁锢住了，那么，试一试环状结构：让故事在某个地方开始，并在同一个地方结束；或是让相同的两个人出现在故事的开头和结尾；抑或是在开头和结尾考察同一件事情。当一本书、一个剧本甚至是一篇文章出色地利用了这个结构时，读者会觉得很满意。

不要追随文学潮流。如果你自然而然地写出了措辞简洁、内容松散的散文，那就这样写吧。如果你喜欢通过描述来堆砌词句，那就这样去写。大声朗读所有内容。不要寻求太多人的反馈意见。

——多莉·奥尔德顿，著有《我所知道关于爱的每件事》

无论你做什么，都不要想着你妈妈会读到你写的东西。你唯一能讲述的，是你自己的故事，所以不要借别人之口说你想说的话，或是你自己的意图。同样地，不要让别人的言语或想法阻止你说出自己的真相。

——山姆·贝克（Sam Baker），著有《转变》（*The Shift*）

像对待写作一样认真地对待"不写作"，这么做可能更重要。所有你遇到瓶颈或是无法写作的时刻，都会带来极为深刻的教训，它关乎你与写作、与自己、与他人，以及与广阔世界的关系。不要因为处于这种状态而自责，你要完全允许它的存在，并牢记它每次想要教会你的内容。

——梅格·约翰·巴克（Meg-John Barker），著有
《改写规则》（*Rewriting the Rules*）

写初稿时，要想着没有人会读你写的东西，忘记结构和形式，

一份富于启发性的格言

看看当你开始用文字表达的时候会发生什么，结构和形式可以以后再考虑。

——赞西·巴克（Xanthi Barker），著有

《这座房子会永远存在吗？》（*Will This House Last Forever?*）

因为我们（指作者）都不是可靠的读者，所以"写下来"会对你有帮助。尽管他们（指读者）大多是非常可爱的人，他们的参与和认可也是既慷慨又快乐的，但你不能为了其他人而写作，你得为自己而写。当我开始写作时，我（愚蠢地）以为我只是在复述自己已经知道的故事，毕竟，这一切都发生在自己身上，不是吗？几个月后，我开始意识到，我要做的不仅仅是去回忆，我必须重新体验，重新讲述，再以小说为工具，将自己的经历重构成一个故事。掌控过去，确实会让你远离现在。这么做有一个我没有预料到的好处：一旦你把所有真正艰难的事情都搞定了，可爱的、被遗忘的快乐就会浮出水面，那是已经消失于深渊和阴影中的美妙而可爱的东西。

——达米恩·巴尔，著有《我和梅姬》

如果你在写关于自己的文章，那就尽你最大的努力让自己退场。这不是矛盾修辞法。它的意思是，你在文章当中的主要目的

是成为自己经历的象征，也就是说，成为那些经历的代言人。你的目标是激发读者的同理心或认同感。你对自己所经历的事情的感受往往是无关紧要的。请带我们身临其境，直接体验一下。但不要情绪化。

——玛丽娜·本杰明（Marina Benjamin），著有
《失眠》（*Insomnia*）

写作、讲述你自己的故事、宣称为了你自己而写作、了解你经历过的所有欢乐和痛苦，这些行为都能深刻地治愈创伤。发表你所创作的故事并不是治疗体验的一部分。你可以像在呐喊一样地写作，如果需要的话，还可以把自己阴暗的一面也倾注到稿纸之上，但你在决定和谁分享这个故事的时候，同样需要以最大的善意、尊重和同理心来对待自己。想想自己需要从经历当中习得什么，不要急，慢慢来。为活着的自己而写作，为阅读的自己而编辑。我希望写作能给你带来平静，不过，出版不会为你带来认可、救赎或奉承。所有爱你的人都已经在这里了。

——黛西·布坎南（Daisy Buchanan），著有
《姐妹情谊》（*The Sisterhood*）

一位写作教授告诉我，小说寻求真相，但在非小说作品中，我

们必须从真相开始。找到起点很困难但也很有必要。因此，这意味着当你开始写作的时候，初稿可能是一些荒诞的、未经处理的东西，但是在进行编辑和反复修改的过程中，你必须果断地找到故事的起点，这样才能触及故事的核心。真相并不总是按时间顺序来排列，也不总是出现在开头。不过，如果你能从真相开始写，你会解锁一些强有力的东西。

——凯瑟琳·赵（Catherine Cho），著有《地狱》（*Inferno*）

你认为经常能引起广泛共鸣的最个人化的东西是什么。如果你害怕写东西，那么问问自己为什么会这样。这可能是因为你害怕公开一段让自己感到羞耻的经历。羞耻是一种自我厌恶的情绪，它只能在沉默中生存。消除羞耻感的最好方法就是分享自己的弱点。这就是你与读者建立起强大联系的地方。我反对那种认为沉默即高贵的观点。没有人会像你这样讲述你的故事，因为没有人经历过你所经历的真实情况。不要让真相被你无法承受的耻辱所劫持。

——伊丽莎白·戴（Elizabeth Day），著有《如何失败》（*How To Fail*）

牙买加有句谚语：事情没有真相，只有不同版本。我不太赞同第一部分，因为我认为有些事情是有真相的；但从回忆录的角度来看，第二部分肯定是正确的。我有五个幸存的兄弟姐妹，当他们质疑我所写的关于我们童年的文章时，我告诉他们这只是我的版本。他们可以讲述他们自己的版本。但无论你写的版本是什么，都要注意讲信用，说实话。当然，最好是能够启发灵感、提供信息和激发兴趣。不要搬运别人的观点。

——科林·格兰特（Colin Grant），著有

《车轮上的风笛》（*Bageye at the Wheel*）

"简单点儿，傻瓜"（K.I.S.S. : Keep it simple, stupid.）这句格言来自我父亲，他不是作家，但喜欢看自助书[1]。小时候，每当我被学校的作业难住，他就会鼓励我用铅笔轻轻地在纸上写下"K.I.S.S."，然后从头开始，慢慢地写。这提醒我要时刻关注自己面对的事物，要坚持基本原则。扪心自问："如果我必须让这件事变得简单，那会是什么样子？""最简单的版本是什么？""我怎样才能把它分解成简单的步骤呢？"它几乎适用于你陷入困境的所有情况。毫无疑问，你不妨想出一个简单的版本。之后你可

---

1. 自助书（Self-help book）是帮助读者解决人际关系、健康或行为问题的书，通常是由心理学家、生活导师、医生或其他专家就某个特定主题撰写。

一份富于启发性的格言

以把内容变得复杂一点。（除非你不想这么做。但是简单永远是最好的。）在试卷顶端写下这句话，成了我拿到试卷后会做的第一件事。考试结束后，我习惯于把它擦掉。几年后我发现这句话来自美国海军，在那里它被当作设计和软件开发的原则。有时它被渲染为"简单点儿，水手"（Keep it simple, sailor.）或"简单点儿，士兵"（Keep it simple, soldier.）。我爸爸的版本更残酷。但它是有效的。为了家庭作业，为了考试，为了写作，为了一切。

——维夫·格罗斯科普（Viv Groskop），著有
《我笑了，我哭了》（*I Laughed, I Cried*）

不要试图写一些已经被写过的东西。这是你的故事，所以请自由地按照自己的方式来讲述。写回忆录没有"唯一"的方法。无论是章节长度还是话题转换，一切都取决于你。你讲故事的方式需要像故事本身一样真实。

——马特·海格（Matt Haig），著有
《活下去的理由》（*Reasons to Stay Alive*）

要考虑的不是对与错，而是开始动笔写作。以后再担心它到底是好是坏。

——萨利·休斯（Sali Hughes），著有《相当诚实》（*Pretty Honest*）

生活，写下来吧！

迈向终点。关键在于禁止自己回过头重温任何已经完成的内容，否则你只会得到一本完美的书的前三分之一，其他什么都没有。一旦你完成初稿，就有足够的时间把它做好，做得更好，做到最好。

——亚当·凯，著有《绝对笑喷之弃业医生日志》

别人对我们的期望和我们自己的真实感受之间，常常横亘着一道鸿沟。生活在这个世界就是为了掩饰，这是可以理解的。但在写作当中，期望和现实之间的那个地带就是一切。不要害怕在那里逗留。你也可以有害怕的心理。但无论如何都要留下来。

——玛丽安·利维（Marianne Levy），著有
《别忘了尖叫》（*Don't Forget to Scream*）

写作是一门艺术、是一种手艺、是一种嫁接，主要是嫁接。将写作当作嫁接的想法是很不错的，因为我们每个人都能做到。保护好你的时间，包括你正在酝酿但尚未动笔（或敲击键盘）的时间。创作过程中，可以在中途休息或冲泡咖啡的空档调整心情，然后继续写作，这时你可能会产生一些离奇的主意，或有了润色文章的想法。用于缴纳市政税，回答关于丢失袜子或旅行卡等问题，抑或是找寻水管维修工的时间则不包含在内。

——露西·曼根（Lucy Mangan），著有《书虫》（*Bookworm*）

一份富于启发性的格言

我建议你多想想自己笔下发生了什么，以及你想用这些内容创造什么这两者之间的区别；前者有时被称为情境，后者用薇薇安·戈尼克的话来说，被称为故事。同一个场景中可能会有很多不同的故事，但叙述者最感兴趣的是什么，他们写到这里想说的是什么？或者更准确地说，他们写到纸上是为了发现什么，并邀请读者一起去发现这个过程。

——亚历克斯·马尔扎诺·莱斯内维奇（Alex Marzano-Lesnevich），

著有《身体的事实》（*The Fact of a Body*）

在开始写作之前，先确定好自己想呈现出多少内容，并坚持下去，因为有些事情会涉及隐私，或者那是别人的故事而不是你的。这是你的书，是你的反思和记忆，你可以决定多写一点还是少写一点。作为一名作家，要忠于自己，但也要体贴他人。

——凯特·摩斯（Kate Mosse），著有

《另一双手》（*An Extra Pair of Hands*）

尽情享受，学会热爱写作，它会向你证明的。我无论怎么强调都不为过。你的读者能从字里行间感受到喜悦，也能在你文字周围的空白处感受到。

——玛姬·欧法洛，著有《我存在》

生活，写下来吧！

根据我的经验，当我在纸上尽可能展示出脆弱的一面时，最有力的写作似乎就会出现，因为这似乎会使得读者也变得脆弱：忏悔激起忏悔。因此，我的建议是：试着找到一天当中你不会过多地猜疑自己，可以全身心投入到写作的时间。对我来说，这个时间在早上 6 点到 9 点之间：那是在城市变得繁忙之前，在我意识到其他人可能正在注视着我之前，因此，那个时候只有我和我自己的思想。但是，无论你在哪里写作，无论你写了什么，我总是建议你试着写一些最让自己害怕的事情，你隐藏得最深的那部分。我自己并不总是能成功地做到这一点，但当我做到这一点的时候，我的工作会变得更好。

——穆萨·奥克旺加（Musa Okwonga），著有《其中之一》（*One of Them*）

像和朋友聊天，或是给朋友发电子邮件那样去写作。当我写第一本书的时候，一想到要写一本书，我就吓了一跳。我花了两周的时间去描绘天空，因为我认为这是写书人应该做的。最终，我把这些描写都删掉了，当我以和朋友交谈的口吻来写作时，我对写作的感受是最愉悦的。当我想象自己在和他们对话的时候，我会说出最有趣的故事，我会把事情说得更简洁。因此，我的建议是（不管它值多少钱）不要试图变得聪明。做你自己就好。

——玛丽安·鲍尔（Marianne Power），著有

《救救我！》（*Help Me!*）

写一篇关于当下道德和文体风格的文章的压力越来越大。写下人们已有的想法，或是写下别人认为他们会购买什么，是很枯燥乏味的，而且会让你的读者感到厌烦，他们希望你勇敢，以一种他们害怕的方式去创作。没有比回忆录更暴露、更刺激、更不适合那些渴求安全的人的体裁了，写回忆录就像是把自己绑在暴风雨中的桅杆上，而且无法挣脱。但如果你什么风险都不愿意去承担，那你就什么东西都不能揭露。争取说出你真正想说的话。

——瑞克·萨马德（Rhik Samadder），著有

《我从未说过我爱你》（*I Never Said I Loved You*）

作为人类，我们有一个重大的设计缺陷。我们在经历困难时期的时候，往往会严厉地批评自己，无论出于何种原因，要么是因为生活大事，要么是因为我们自己。我的建议是要同情自己。你可能需要强烈的同情心和温柔的同情心才能坚持下去。裁撤掉"糟心委员会"，再把爱引入到写作当中来，困难的事情会变得更容易忍受。

——朱莉娅·塞缪尔，著有《悲伤的力量》

生活，写下来吧！

面对可怕的恐惧，你将如何继续往前？我总是回想起这句话：万物皆有裂痕，那是光照进来的地方。这种慰藉源于一首名为《颂歌》的诗。有一次，我与这首诗的作者莱昂纳德·科恩进行了一次简短但相当公开的谈话，当时他正准备唱这首诗。此后，关于那次会面的场景以及那些诗句的记忆，在不同的时间、地点和场合之中发挥着它们的魔力。

——菲利普·桑兹（Philippe Sands），著有

《东西街》（*East West Street*）

人们写家庭回忆录有各种各样的原因：为了治疗，为了报复，为了弄懂爱、弄懂悲伤或弄懂失败，也为了处理棘手的问题，为了与过去划清界限，继续前进。对我来说，发现自家故事、重建家族历史变得很重要，但当我完成之后，我意识到一个家庭有时候存在一些秘密是有原因的：如果你什么都知道，你可能会有点抓狂。学会忘记也很重要，在出版之后的几年，我非常擅长这一点，以至于我经常遇到陌生人，他们似乎比我更了解我的成长经历和家庭生活，我对他们的了解程度之深感到惊讶。

——萨瑟纳姆·桑格拉，著有《戴头饰的男孩》

一份富于启发性的格言

过去的照片随着时间的推移而变化，但过去的事儿却保持不变。换句话说，在你知道一棵树为何被种植，何时被种植，或者被谁种植之前，一棵树就是一棵树。一旦你知道了为何种、何时种、被谁种，那它就不再是一棵树了。这是象征性的。这是一系列的故事。这是真实的。回忆录是关于信任的。作者相信自己。一旦完成，这就是最伟大的斗争，也是最伟大的释放。起初我认为自己的回忆录是关于澄清事实的。然而我错了。不管回忆录有多伤痛，我认为它是关于爱的。写完回忆录之后，你会发现写回忆录的真正目的。每个人似乎都认为回忆录是关于自己的一生，其实回忆录可能只是你生命中的某一天。

——莱曼·西塞，著有《我的名字是疑问》

你的故事很重要：初稿，是你（作者）为自己（读者）而写的书。把初稿送到你（读者）需要的地方。在那之后的编辑、改写和出版，都会在适当的时候进行。在初稿当中，最重要的是你，拥有读者和作家双重身份的你。相信你作为读者和作家的直觉。

——尼克西·舒克拉，著有《棕色婴儿》

试着发出你自己的声音。这不仅是因为自己的声音听起来很真实，也因为这么做比模仿别人来得容易。当谈到描写真实的人

生活，写下来吧！

物，根据我的经验，只要你提到他们长得不错、智商还行，以及对动物充满友善，接下来你就可以吐槽他们了。

——尼娜·斯蒂比（Nina Stibbe），著有
《爱，尼娜》（*Love, Nina*）

你的故事属于你自己。别把自己的书稿当成需要评分的试卷，但要知道你有权讲述自己的故事。我相信好的创作是在讲真话的过程中诞生的，或者至少是诞生于试图触及更真实的版本的过程之中。毕竟，每一个故事都可以被解读，因为我们都在经历自己对"真相"的理解。你内心的批评家会质疑你是不是合适的或最佳的故事讲述者，诚实正直的写作应该能帮助你让内心的批评家保持沉默。这一探索也将帮助你抵御羞耻或自我怀疑，你必须放下这些困扰继续写作。不要低估思考工作所需的时间。读诗是不会浪费时间的。如果你陷入困境，无法写作，感到沮丧或质疑自己正在做的事情，那么读读诗吧。

——克洛弗·斯特劳德（Clover Stroud），著有
《野性他者》（*The Wild Other*）

出乎意料的是，有些章节，有些场景会让你扫兴。在它们尚未加工、还很凌乱、让人不适的时候把它们全部写下来。它们所

一份富于启发性的格言

携带的能量都会跃然纸上，这些内容可能会成为你最好的作品之一。别担心，你的平衡会得到恢复，距离会被抵消，你会重回自己的怀抱。一旦写完，就让自己走开，并为自己的勇气和洞察力而欢呼。如果你以后不得不删除这些内容，那也要勇敢地完成。

——基特·德·瓦尔（Kit de Waal），著有
《毫无征兆》（*Without Warning and Only Sometimes*）

对于正在气头上的人来说，愤怒的威力之于他自己，要大于他所针对的人。愤怒永远不可能被完全消除，但愤怒可以转化为创造力。如果你的父母或监护人还在世，请在你有时间的时候善待他们。当你到了他们这个年纪，你也许会意识到他们给予了你什么，使你的生活能够有一个新的开始。

——特里·韦特（Terry Waite），著有《信得过》（*Taken on Trust*）

写回忆录能宣泄情绪，也可能会造成创伤，通常来说，两者兼而有之。和所有的写作一样，写回忆录大约 90% 的时间是在思考，只有 10% 是用于实际写作。散步很有帮助。

——克里斯蒂·沃森（Christie Watson），著有
《护士的故事》（*The Language of Kindness*）

生活，写下来吧！

大声朗读你的文章。但别用你自己的语气，用一种你欣赏的口音来读。或者一边读一边模仿你喜欢的人的声音。这听起来很傻。你也会觉得自己很傻。但你会在写作的过程中注意到一些新的东西，而这些东西在你使用自己的声音时，是不会注意到的。当你假装成别人时，有时会更容易了解自己。

——大卫·怀特豪斯（David Whitehouse），著有
《关于儿子》（*About a Son*）

害怕把自己倾注到纸上是理所当然的。但不要把恐惧推开，也不要告诉自己害怕是不好的。欢迎它。害怕就是感觉，感觉就是活着。

——坎迪斯·卡蒂·威廉姆斯（Candice Carty-Williams），著有
《奎尼》（*Queenie*）

如果你要写一些非常私人的东西，你要确保自己能够接受这些内容被成千上万的陌生人以及自己的邻居读到。在你开始写作之前，确保你的橱柜里有一大盒茶包。不要强调字数目标。不管你今天写了十个字还是一千个字，那都没关系，只要能让这些字词准确地表达你自己想表达的意思就行了。

——雷诺·温恩，著有《盐之路》

一份富于启发性的格言

对我来说，写作过程中最重要的时间……不是写作本身。我过去所说的"搁置时间"，也即把作品放在一边，让它沾沾灰尘，再像有一段时间没见过的朋友一样重新去审视它；记住你喜爱它们的地方，并对它们让你恼火的缺点保持微笑。幸运的是，在这段友谊中，你可以弥补缺点。

——格雷格·怀斯（Greg Wise），著有
《不是那种爱》（*Not That Kind of Love*）

我们会死去，可能就是生命的意义。但我们懂得使用语言，这可能是衡量我们生活的尺度。

——托妮·莫里森（Toni Morrison）

生活，写下来吧！

致 谢

2018 年的时候，我的小说创作遇到瓶颈，难以进行；当时我在想，如果我通过培训，成为一名治疗师，自己是否会更快乐。我知道自己一直敬仰的那位出版商，卡罗尔·汤金森，就是这么做的，所以我征求了她的意见。喝咖啡的时候，卡罗尔鼓励我谈谈自己的想法，然后非常和蔼地说，她认为我只要继续教授写作课程，就能做出自己所渴望的有益贡献。我知道自己会想办法走出小说创作的困境。我知道在未来的某个时候，自己可能会想写一些关于写作的东西。所有这些事情都发生了。我非常感谢卡罗尔所做的一切，感谢她从提出这个构思想法到实现它的这样一个令人愉悦的过程，再到把这本书变装帧设计得如此美丽。我也要感谢霍克利·瑞文·斯派尔、扎伊娜布·达伍德、凯蒂·登特、克莱尔·盖岑、凯特·贝伦斯，以及蓝鸟的所有工作人员，包括设计了漂亮封面的梅尔·福斯，以及朱迪·穆利什、西安·加德纳、杰西·达菲、艾玛·芬尼根、克里斯蒂安·刘易斯、莎拉·巴丹和林赛·纳什。在麦克米伦出版团队当中，有太多的人无法一一提及，但在这里要感谢工作在通信、合同法务、分销、运营、生产、销售和其他岗位上的所有人。在他们的帮助之下，这本书从一个想法转变为可能激励读者成为作家的读物。

我对于写作和编辑的了解，大部分是从负责编辑我前四本书的弗朗西斯卡·梅因，以及从一开始就陪伴我的经纪人乔·恩温那里学到的。我所有的感谢和爱都属于他们，正如他们所说，任何错误都是我的错。

写作可能是一个孤独而古老的行业，我之所以喜欢教学的一部分原因，是因为这让我有种与同事并肩工作的感觉。我感谢在阿尔文的海伦·梅勒和其他所有人，感谢柯蒂斯·布朗创意公司的安娜·戴维斯和其他所有人，感谢 Spread the Word[1]、诺里奇新写作、北部新写作、法尔茅斯大学，以及所有为我提供了就业机会的人。非常感谢我的导师和合作者：科林·格兰特、玛丽娜·本杰明、基特·德·瓦尔、尼娜·斯蒂比、凯特·丁布莱比、怀尔·门缪尔、朱莉娅·塞缪尔、克莱尔·德·布尔萨克和珍妮·乔瓦尼。向所有为那份富有启发性的附录做出贡献的人致以特别的问候：多莉·奥尔德顿、山姆·贝克、梅格·约翰·巴克、赞西·巴克、达米安·巴尔、玛丽娜·本杰明、黛西·布坎南、凯

1　Spread the Word，一个致力于消除人们对智力与发育障碍人士歧视性称呼的国际组织。

瑟琳·赵、伊丽莎白·戴、科林·格兰特、维夫·格罗斯科普、马特·黑海格、萨利·休斯、亚当·凯、玛丽安·利维、露西·曼根、亚历克斯·马扎诺·莱斯内维奇、凯特·莫斯、玛吉·奥法雷尔、穆萨·奥旺加、玛丽安·鲍尔、里奇·萨马蒂克·萨马德尔、朱莉娅·塞缪尔、菲利普·桑兹、萨瑟南·桑格拉、莱曼·西塞、尼克什·舒克拉、尼娜·斯蒂比、克洛弗·斯特劳德、基特·德·瓦尔、特里·韦特、克里斯蒂·沃森、大卫·怀特豪斯、坎迪斯·卡蒂·威廉姆斯、雷诺·温恩和格雷格·怀斯。

　　我一开始教书，我的学生们就告诉我，我应该把这一切都写下来，我非常感激所有的鼓励。真的，一想到你们，我就兴奋起来。特别要提到我的第一位客户，埃丝特·康纳，以及我在凯尔索和凯斯特尔·巴顿农庄录制课程的时候所有在场的人。再次听到你们的声音是一种快乐。

　　真挚的爱和衷心的感谢送给桑加·奥克利、罗伯塔·博伊斯、米娅·科瓦达、克里斯汀·埃克朗德、乔·道森、苏菲·柯克汉姆、约翰和莉齐·沃特豪斯、莎拉·韦德、水晶玛西·摩根、英巴尔·布里克纳·布劳恩、罗斯·特里·哈恩、凯特·布朗、詹妮·奈特和朱莉·诺布尔。

　　在家庭方面，我的父母，凯文和米吉·明特恩，他们以各种方式持续地支持我、照顾我，我的姑姑马里恩·鲍耶也是如此。

我很感谢格雷斯·亚历山大，他让我取得巨大的进步，也感谢威尔·刘易斯和索菲·塞马克，他们帮助我完成了一些工作。最后，我要对埃尔文和马特说一句感谢，感谢他们与我分享日常生活中的欢乐和痛苦，并允许我把他们写进书里。马特认为我应该把这本书献给我们的宠物。我拒绝了这个提议，但同意在这里顺便提一句。里皮切普、阿拉贝拉和斯蒂奇：感谢你们所有的情感支持。没有你们，我无法完成这些工作。

生活，写下来吧！

图书在版编目（CIP）数据

生活，写下来吧！：如何写好你的人生故事 / (英)
凯西·伦岑布林克著；四木译 . — 上海：上海社会科
学院出版社，2023

书名原文：Write It All Down: How to Put Your
Life on the Page

ISBN 978-7-5520-3811-8

Ⅰ. ①生… Ⅱ. ①凯… ②四… Ⅲ. ①英语—写作
Ⅳ. ① H319.36

中国版本图书馆 CIP 数据核字（2022）第 193877 号

上海市版权局著作权合同登记号：图字 09-2022-0846号

生活，写下来吧！：如何写好你的人生故事

著　　者：[英]凯西·伦岑布林克
译　　者：四　木
责任编辑：周　霈
策划编辑：刘红霞
特约编辑：杜　思
封面设计：尚燕平
出版发行：上海社会科学院出版社
　　　　　上海市顺昌路 622 号　　　邮编 200025
　　　　　电话总机 021-63315947　销售热线 021-53063735
　　　　　http://www.sassp.cn　　E-mail: sassp@sassp.cn
印　　刷：北京中科印刷有限公司
开　　本：787 毫米 × 1092 毫米　　1/32
印　　张：8.5
字　　数：146 千
版　　次：2023 年 2 月第 1 版　　2023 年 2 月第 1 次印刷

ISBN　978-7-5520-3811-8/H·068　　　　　定价：42.80 元